师范生劳动教育及其课程建设研究

朱斌凤　毕洪东◎著

浙江工商大学出版社
ZHEJIANG GONGSHANG UNIVERSITY PRESS
·杭州·

图书在版编目(CIP)数据

师范生劳动教育及其课程建设研究 / 朱斌凤，毕洪东著. — 杭州 ：浙江工商大学出版社，2023.11
ISBN 978-7-5178-5682-5

Ⅰ．①师… Ⅱ．①朱… ②毕… Ⅲ．①劳动教育－师范教育－课程建设－研究 Ⅳ．①G40-015

中国国家版本馆CIP数据核字(2023)第172950号

师范生劳动教育及其课程建设研究
SHIFANSHENG LAODONG JIAOYU JI QI KECHENG JIANSHE YANJIU
朱斌凤　毕洪东　著

责任编辑	谭娟娟
封面设计	云水文化
责任校对	韩新严
责任印制	包建辉
出版发行	浙江工商大学出版社
	（杭州市教工路198号　邮政编码310012）
	（E-mail：zjgsupress@163.com）
	（网址：http://www.zjgsupress.com）
	电话：0571-88904980，88831806（传真）
排　　版	杭州彩地电脑图文有限公司
印　　刷	杭州高腾印务有限公司
开　　本	787 mm×1092 mm　1/16
印　　张	10.75
字　　数	136千
版 印 次	2023年11月第1版　2023年11月第1次印刷
书　　号	ISBN 978-7-5178-5682-5
定　　价	45.00元

序

　　习近平总书记在 2020 年全国劳动模范和先进工作者表彰大会上明确指出:"劳动是一切幸福的源泉。""要开展以劳动创造幸福为主题的宣传教育,把劳动教育纳入人才培养全过程,贯通大中小学各学段和家庭、学校、社会各方面,教育引导青少年树立以辛勤劳动为荣、以好逸恶劳为耻的劳动观,培养一代又一代热爱劳动、勤于劳动、善于劳动的高素质劳动者。"

　　师范生是未来教师的预备军。加强师范生劳动教育,不仅要立足于让师范生增强劳动观念、养成劳动习惯、提升劳动能力、培育劳动精神,促进师范生形成正确的世界观、人生观、价值观,而且要着眼于师范生未来从业时有效实施学生劳动教育的现实问题,同时关注更加长远、更为深入的"立德树人"这一根本任务。因此,选择师范生劳动教育及其课程建设作为研究对象,对于深化教师教育改革、提高师范生培养质量、贯彻教育强国战略,就显得十分有必要了。

　　本书共分五章,即第一章"问题提出"、第二章"教育强国与师范生培养的研究概述"、第三章"劳动教育的理论支撑"、第四章"师范生劳动教育及其培养的内在逻辑"、第五章"师范生劳动教育课程建设的实践思考",

试着从学理和实证的角度讲清楚师范生劳动教育的重要性、必要性，以及师范生劳动教育课程建设的可能性、可行性。

通过此书，希望能对师范生劳动教育的系列问题的研究起到一定的促进作用。受团队成员学识及经验所限，书中可能存在不到位和欠缺的地方，恳请读者批评指正。在此，要特别感谢周萌、葛佳仪、何嘉嘉、陈婷四位小伙伴，她们参与了大量的基础研究工作。

2023 年 3 月 25 日 浙江嘉兴

CONTENTS

目　录

第一章

问题提出

　　劳动是人类社会生存和发展的基础，是人类最常见的现象与行为，是人类本质力量的现实运用。劳动教育通过充分发挥劳动的育人功能，使学生树立正确的劳动观念和劳动态度，养成良好的劳动习惯。劳动教育课程是劳动教育的课程化，是实施劳动教育的重要形式，是实现劳动育人的重要载体。

1

第一节　劳动与劳动教育

　　"人有两个宝，双手和大脑。双手会做工，大脑会思考。用手又用脑，才能有创造。"这是著名教育家陶行知创编的一首儿歌。他希望通过朴实的语言，言简意赅地介绍什么是劳动及劳动具有的深刻教育内涵。

■ 一、什么是劳动

　　在生活中，劳动无处不在，每个人都在为自己的大家、小家奋斗。地铁里，车门开关之间，人们行色匆匆地为了他们的未来而四处奔波；办公楼中，"打工人"正埋头苦干，一盏盏白炽灯正见证着他们奋斗的身影；大街小巷里，快递员正核对信息，将鼓鼓囊囊的快递送到目的地……

　　不同人劳动的形式各不相同，但他们都有共同的奋斗目标，即为自己美好的未来奋斗，为民族的振兴奋斗，为国家的富强奋斗。正如，习近平总书记 2018 年的新年贺词中所说："幸福都是奋斗出来的。"

（一）劳动的概念

　　劳动作为人类最基础的生存方式，分为体力劳动和脑力劳动。《现代汉语词典》对劳动的定义是："人类创造物质或精神财富的活动。"[1]劳动在

---

[1] 中国社会科学院语言研究所词典编辑室：《现代汉语词典》（第 7 版），北京：商务印书馆，2016 年版，第 780 页。

人类的生产生活中有其独特的社会性质。

首先，劳动作为一种人类独有的实践性活动，区别于动物的自然性活动。人类劳动和动物活动的区别主要体现在以下几个方面：其一，人类劳动是人有目的地、有意识地开展的活动。在劳动过程中，人具有确定的劳动目的、积极的劳动动机和坚定的劳动意志。而动物的行为则是一种本能的、盲目的、无意识的活动。其二，动物的劳动是一种自发的活动。对于动物来说，它们的活动都是在自然规律的指引下进行的，不可能突破自然的限制，它们的行为是一种无意识的、有条件的活动，目的只是生存。然而人类却能在劳动过程中，主动发现规律、认识规律、把握规律，进而改造自然。因而可见，人类的劳动具有创造性。因为人能利用工具，根据目标，有意识地进行劳动，从而创造社会生活。

其次，人作为劳动的主体具有鲜明的社会性，因为人可以通过劳动从自然人变为现实生活中的社会人。在商品经济时代，劳动的社会性质已经凸显——商品的交换需要劳动主体、劳动本身和劳动产品等各个方面相互配合。在劳动过程中，处在各阶段的人的情感互动、社会交往、心理需求都体现了其社会性，马克思也将劳动视为最基本的社会交往活动。

最后，劳动具有丰富的教育性，以其独有的价值来促进人的发展。劳动不仅是人类社会生存和发展的基础，也是实现自我生存和自我发展统一的重要手段。人们通过劳动实践获得技能、锻炼本领和汲取知识，劳动对人能力的提升和社会的发展都有不可替代的价值，其教育内涵不言而喻。劳动的教育化有助于培养人们的劳动精神面貌、劳动价值取向和劳动技能，对身心发展、技能训练、素质培养等各个方面都能起到积极影响。

（二）劳动概念的形成

劳动是人的生命活动，是人类历史的现实基础。通过对劳动概念的形成和发展进行探究，可了解劳动概念在历史进程中的来龙去脉，发掘劳动的内涵，揭示劳动的真正含义。

1. 我国劳动概念的形成

中华文化源远流长，通过回望劳动的发展历史，可知其发展已有数千年。农耕文明的"民以食为天"凸显了我国古代历朝对劳动的重视。具体而言，关于"劳动"一词的记载最早可以追溯到战国时期，《庄子·让王》中"春耕种，形足以劳动；秋收敛，身足以休食"[①]，指出劳动这一活动方式让人有所食。《左传》里的"民生在勤，勤则不匮"[②]，告诉民众生活需要用辛勤的劳动去创造，勤劳才不会物资匮乏。劳动的稳定传承，也使我国古代产生了独特的农耕文化。上古先民通过观察天体运行，并根据自然节律总结归纳出了"二十四节气"，作为指导农民农耕生产的指南针，在农业生产生活中发挥了不可替代的作用，至今仍是指导农业生产的依据之一。

中国社会更迭迅速，通过劳动节的变化，可以初步了解我国劳动的发展史。据史料记载，我国有关"劳动节"的记载最早可以追溯到三皇五帝时期，每年农历二月初二，上古祖神伏羲会率领各部落联盟首领"御驾亲耕"，以身作则，下地劳动，此时"劳动节"已具雏形，已然成为社会生活中重要的部分。到了唐朝，二月初二被正式取名为"耕事节"，这是中国古代最早的"劳动节"。除此之外，古人还在清明、七夕等节日时庆祝，体现了劳动在我国古代先民生活中的地位，表明了劳动在古代社会确是最重要的社会生产方式之一。古代社会对有关劳动、劳动人民、劳动生活及劳动精神的描绘，给予了一定的关注，也展现了先民乐观向上的人生态度。

原始社会伊始，先民的劳动形式主要是部落成员共同劳动。由于经济发

---

① 陈鼓应：《庄子今注今译》（下），北京：中华书局，1999 年版，第 744 页。
② 李索：《左传正宗》，北京：华夏出版社，2011 年版，第 233 页。

展和社会生产力的制约，劳动主要是以氏族为单位的共同劳动，劳动者们平等互助，占有共同的生产资料。此时的劳动主要依靠石器工具，即渔猎和采集天然食物，农业和畜牧业处在缓慢发展的过程中。此时的劳动并没有明确的概念，人们之间依靠自然分工开展活动。

随着生产力的发展，部落内部贫富差距逐渐凸显，私有制的产生促使原始社会解体，奴隶社会随之产生。在奴隶社会，奴隶主占据着主导地位，掌握主要的生产资料，奴隶则是被剥削阶层，受奴隶主的压迫，被迫从事劳力活动，且没有人身自由和报酬，由此产生了劳动的阶级性。

到了封建社会，阶级之间仍是剥削与被剥削的关系。在经济方面，私人土地所有者占主导地位。地主阶级掌握着土地，对需要使用土地的农民进行压榨和剥削。在文化方面，以儒家思想为核心，重视对知识的学习。先秦诸子百家中的许多学派将体力劳动者视为"鄙陋卑贱之人"，并称呼体力劳动者为"小人""贱民"，儒家曾以"学而优则仕"为教育目的，"士农工商"中将不直接从事劳动的士族排在了第一位，这些思想都反映出了当时以做官为优、劳动为次的社会思想氛围，反映了体力劳动者的卑贱与辛酸，这种错误的劳动思想产生了错误的劳动观念，从而影响后世人们对劳动行为的抉择。

随着社会的发展，中国逐渐过渡到近现代社会，尤其是十月革命之后，马克思主义正式传入中国，其不仅在理论上对劳动提出相关见解，也在实践上给予一定的指导，蕴含的思想使青年们警醒，让劳动重新受到了大众的关注。

2.西方劳动概念的形成

在古希腊，亚里士多德认为劳动只是奴隶所从事的活动，奴隶被看作是奴隶主的所属物，其阶级性尤为突出。他强调知识的理论性，认为理论知识高于技术知识，理论价值高于实用价值，这折射出当时存在轻视劳动的现象。

这种现象一直持续，直至近代才有所转变。在近代的资本主义社会的发展过程中，存在着两派，分别为重商主义和重农主义。其中，重农的古典经济学家们强调劳动的重要性，认为劳动是国民财富的源泉，主张农业生产才是财富的源泉，相关的研究为之后马克思科学劳动观的提出做出了历史性的贡献。

18世纪末至20世纪，德国资产阶级哲学对马克思的劳动概念也产生了深刻的影响，这时期的思想家们各抒己见，让劳动概念呈现百花齐放的态势。黑格尔认为，劳动是社会发展的动力，通过劳动能不断完善对自我的认知，并在劳动的过程中不断进行否定与发展，促进自我提升。思想家们的思想相互碰撞，促进了劳动概念的不断完善。教育家绍尔·B.罗宾逊提出了著名的情境分析课程模式，即劳动课程需以情境为导向，协助个体完善对世界的理解。因此，德国劳动技术教育课程注重情境的创设，多采取项目教学的方法，即通过项目创设一定的情境，以项目为主线进行教学。马克思站在前人的肩膀上，结合自己的观点，对劳动与资本的关系进行了详细的论述，并撰写了《1844年经济学哲学手稿》，他认为劳动作为人类最常见的现象与行为，是人类本质力量的现实运用。马克思从哲学角度揭示了劳动的原型性质、社会历史性质、属人性质、基础性质、预设性质和受动性质这六大性质，为劳动与教育的结合奠定了基础。

（三）劳动的意义和价值

劳动作为人的一种活动形式，对于社会和人而言意义非凡。生活的美好，人类的进步，一切的一切都来自人们的劳动，我们能通过现实的生产劳动，联系人与自然，并创造价值。

1. 劳动是历史的延续、人类生存的基础

人类的成长与发展始终伴随着劳动，人类由劳动延续，历史由劳动者开创，一个国家不朽史诗的创造离不开劳动者的奋斗。长城、金字塔等世界奇迹体现了古代劳动人民对辉煌历史的辛勤付出；四大发明等科技成果代表着古代劳动人民的智慧。劳动作为人的本质特征，是社会一切物质财富和文化财富的起源，是一个人生存的基础。人类通过劳动来改造世界，在劳动过程中培养了劳动技能和劳动素养，以此来打造自己所需的生存环境。这不仅是维持自我生存和自我发展的手段，更是人类社会历史发展的基础。正是劳动这种自发的、创造性的、具有改造价值的活动，才能对人能力的提升和对社会的发展产生重要作用。

2. 劳动是实现个人价值、服务社会的媒介

劳动是实现人生理想的途径，因为劳动能创造价值。每一位劳动者可以根据自己的特长和技能，在合适的岗位和分工中，将自己的特长和技能转化为实际生活中的劳动成果，服务于社会并得到他人认可，实现个人的劳动价值。在全国劳动模范的身上，我们可以看到劳动可以实现个人价值，是连接人与社会的最好媒介。

典型的例子有很多。如李素丽是一名客运公司的售票员，她在近 20 年的售票工作中，用心架起了一座与乘客沟通的桥梁，用微笑服务群众。为了给聋哑人提供优质的服务，她学会了简单的手语；为了使从他乡来的人在北京能感受到家乡的温暖，她努力学习方言。李素丽认为，作为一名服务人员，只有学到过硬的本领，才能服务好百姓。再如，许兴龙是一名教师，虽然被分配到当时与老家义乌的经济待遇和工作生活条件相比差距较大的常山，但他服从安排，潜心教书育人，致力于教学创新和探索数学教学的最佳方法。他勇于打破传统的封闭式教学模式，大胆推行开放式教学模式，使教育效果、教学质量显著提高。虽然他的许多同事都想方设法地离开常山，到上海、杭州、宁波等待遇优渥的地方工作，但他坚持本心，到祖国最需要他的地方，毅然把根紧紧扎在常山的土地上，认真工作，努力创新，实现自我价值与社会价值。

各行各业中的劳动模范还有很多，可见，每一个平凡劳动者不一定要有惊天动地的业绩，但是要在自己的岗位上，发挥自己的长处，脚踏实地地完成好每一项工作任务，这才是通过劳动"实现个人价值，服务社会发展"的真正意义。

3. 劳动是激发人的创造性、促进社会发展的工具

劳动不仅仅是一种活动，也不仅仅是一份机械的工作，而是激发人的创造性、促进社会发展的源泉。"全国五一劳动奖章"获得者项修波曾说："劳动现在不再是简单的体力劳动，更多的是体现创造性和精细性的劳动。随着时代的发展，劳动在广度和深度方面的内涵更加丰富。"社会的发展进步，使劳动形态多元化，劳动变成智慧型、创造性并基于思维培养的综合性社会化的实践过程。通过劳动，人能更直接地体会、感受工作与行业的现状和存在的问题。人们的主体意识和能动作用是发挥创造性的基础。同时，通过一系列政策改革、技术创新对国家事业、行业发展、百姓生活产生积极影响的同时，会进一步激发人们的积极性和创造性。

二、什么是劳动教育

（一）劳动教育的概念

劳动教育是使学生树立正确的劳动观念和劳动态度，让他们热爱劳动和劳动人民，并养成良好劳动习惯的教育。同时，也是使人的德智体美劳全面发展的主要内容之一。劳动教育的深层次特征蕴含在劳动教育的属性中，即教育性、实践性和综合性。

1. 核心属性——教育性

教育性是劳动教育的核心属性。劳动教育在本质上属于一种教育活动，因此，劳动教育的开展必须要遵循一定的教育规律，即以学生的身心成长规

律和个人发展特点为依据，有计划、有目的、有组织地带领学生开展劳动理论学习和劳动实践活动。那么这就对开展劳动教育过程的主导者——教师，提出了相应的要求。教师活动在教学一线，较容易发掘劳动教育的教育属性，并利用各种课程资源，将劳动与教育进行深度融合，完善劳动教育课程的设计，真正发挥劳动教育的育人作用。只有优良的劳动教育课程，才能让学生在实施预设的劳动活动中切实地领悟劳动的价值与意义，达到对其劳动能力提高、劳动技能锻炼、劳动观念培养、劳动习惯养成的课程目标。

在增强劳动教育性的同时，还要深刻认识到劳动教育并不是一种形式主义，学生作为教育教学的主体之一，一切教育教学的内容设置和活动安排都应以学生为本。这就要求教师在教育教学过程中，必须着眼于学生现在和未来的发展，设计学生喜闻乐见的教育教学活动，通过丰富劳动教育的形式，让劳动教育连接知识与兴趣、快乐与生活，在劳动中促进学生身心发展，实现对认知和实践的融会贯通，避免误入形式主义的歧途，从而回归教育本真，真正实现劳动教育的育人价值。

2. 根本属性——实践性

劳动教育的根本属性是实践性。归根结底，劳动教育课程的目的是探索并融合多种实践方式，让学生会劳动、爱劳动。首先，将劳动教育课程目标与培养社会主义事业的建设者和接班人这一教育目的有机结合，丰富教育方针中"劳"的内涵，让劳动教育的培养目标、课程内容更加规范。其次，明确劳动教育与"德智体美"四育并重的课程地位，再次重申"五育并举"的教育发展方针。在现代教育体系中，劳动教育既以独立的教育形式、课程体系存在，体现劳动教育的独特价值，也融入"德智体美"四育之中，构成支撑教育发展的重要手段。最后，将新时代的劳动内涵融入劳动教育中。劳动是一个社会历史性概念，在不同的历史时期，被赋予不同的理论和实践内涵。

这一历史性的发展投射到劳动教育课程之中，构成劳动教育课程目标、内容及形式的时代主题。这些凸显实践性的系列要求，进一步充实和完善了新时代大中小学劳动教育课程的主体内容。

3. 重要属性——综合性

劳动教育的重要属性是综合性。《大中小学劳动教育指导纲要（试行）》中指出："学校是劳动教育的实施主体，应根据国家相关规定，结合当地和本校实际情况，对劳动教育进行整体设计、系统规划，形成劳动教育总体实施方案。"[①]劳动教育作为特殊的教育形式，应注重与各方面因素间的联系。劳动教育包括两个部分：理论知识学习与实践锻炼。理论知识学习强调知识的内化，体现劳动教育的思想育人价值，教师通过教授劳动相关知识、法律、政策，让学生理解和掌握劳动的重要价值，作为其行动的指南；实践锻炼强调知识的外显，重在实现理论知识的转化，使学生真正掌握有用的本领。规划劳动教育时，应坚持以实践锻炼为主，理论知识学习为辅，二者兼顾，形成"学习—实践—反思"的学习过程，达到理论知识学习和实践锻炼的统一。

随着时代的发展、科技的进步，劳动的器具、方法和目的都发生了天翻地覆的变化。因此，在劳动教育的过程中，要根据学生的特点，有针对性地设置教育教学内容。例如，针对中小学学生，要以学习传统劳动知识，使用传统工具、传统工艺实践为主，以对新知识、新技术、新工艺、新方法的学习和实践为辅，即在体会劳动人民的艰难与智慧、继承中华优秀传统文化的同时，了解如今国家的进步与发展，激发学生报效祖国的热情。对于职业院校和高等学校的学生，则要根据专业特点，结合专业要求和行业要求，锻炼和提升专业能力与劳动能力。

---

① 教育部：《教育部关于印发〈大中小学劳动教育指导纲要（试行）〉的通知》，http://www.moe.gov.cn/srcsite/A26/jcj_kcjcgh/202007/t20200715_472808.html，2020-07-07。

（二）劳动教育的功能

1. 强化价值引领，实现文化渗透

中华传统文化博大精深、浑厚深沉，中国人民克勤克俭、勤劳朴实，在悠久的历史发展中从来如此。讲好中国故事，弘扬传统文化，是劳动教育培养学生劳动价值观的根本，是劳动教育工作者通过赞美人民、讴歌人民、服务人民、关怀人民，提升学生劳动素养的基本手段，可以帮助学生在形成良好劳动价值观、劳动情感及学习劳动文化的过程中，感受到传统文化所蕴含的人文美、思想美及艺术美，使我国悠久的传统文化得到更好的传承和发展，同时丰富劳动文化的意蕴，使劳动文化逐渐成为学生服务社会主义建设事业的根基。

教师在充分发挥传统劳动、传统工艺项目育人功能的同时，应紧跟科技发展和产业变革的趋势，准确把握新时代劳动工具、劳动技术、劳动形态的新变化，创新劳动教育内容、途径、方式，增强劳动教育的时代性。

劳动教育是使学生树立正确的劳动观念和劳动态度、热爱劳动和劳动人民、养成劳动习惯的教育，是使学生德智体美劳全面发展的主要方式之一。教师应将劳动教育与校园文化建设相结合，开展与劳动教育相关的校园文化活动，强化劳动教育的价值引领，让学生了解劳动教育的本质与内涵，从而树立正确的择业观、创业观。通过开展专题讲座，引导学生深入理解劳动的内涵；通过近距离接触优秀的劳动者，弘扬劳动精神和工匠精神，实现文化渗透。防止出现劳动观念淡薄、不想劳动、不会劳动、缺乏基本的劳动习惯和劳动精神、不尊重体力劳动者、不珍惜劳动成果的现象，引导学生尊重劳动、热爱劳动，自觉进行劳动，注重价值引领及学生劳动教育品质的养成。

2. 推动社会进步，培养奉献意识

"奉献、友爱、互助、进步"的志愿精神是志愿服务的内在精髓，其弘

扬的志愿精神与劳动精神高度契合，可以说两者同源共流。志愿服务活动的核心是服务，是为了改善社会、促进社会进步的服务。

志愿服务和社会实践不仅有利于学生掌握基本的劳动技能，提升劳动教育的吸引力和感染力，同时也能增强学生的服务意识和奉献意识，二者相辅相成，共同提升个人精神境界，培养劳动情怀，增进对社会服务活动的价值认同。因此，可以通过将志愿服务、社会实践等活动作为大学生劳动精神培育的载体，坚持理论教育与实践相结合，将劳动教育融入大学生的志愿活动中，将对劳动精神的培育与社会实践深度融合。

3. 体会劳动价值，促进全面发展

劳动教育课程的价值取向与社会主义核心价值观理念基本契合，与社会主义核心价值观的内在本质相融合。劳动教育课程培养学生的岗位意识与职业精神、进取精神与拼搏精神、创新精神与家国情怀等，正是对于社会主义核心价值观的生动呈现与深刻诠释，即深度体会劳动价值，以此来实现劳动教育的价值，从而更好地体现育人价值。

教育促进人的全面发展，劳动教育是人的全面发展的起点和落脚点，具有基础性、融通性、统领性，在"五育"中的基础性地位和作用不容忽视。通过劳动教育将人的生活世界和精神世界相连，通过生活体验让全面发展的人回归到人的本质生活中，改变劳动教育与其他教育相互对立、相互分离的情况，促进学生的全面发展。

把握劳动教育的根本特征，让学生面对真实的个人生活、生产和社会性服务任务情境，亲历劳动过程，再经过观察思考，运用所学知识解决实际问题，提高劳动质量和劳动效率。关注学生在劳动过程中的体验和感悟，引导学生感受劳动的艰辛和收获的快乐，以增强他们的获得感、成就感、荣誉感。鼓励学生在学习和借鉴他人丰富经验、技艺的基础上，尝试新方法，探索新技术，打破僵化的思维方式，推陈出新。

（三）我国劳动教育的发展

教育方针反映了对应时期经济社会发展对教育的基本要求，回顾中国共产党在不同时期关于劳动教育的政策，可总结出我国劳动教育的发展变迁。

1. 1921—1948 年

受马克思、恩格斯的"把教育同物质生产结合起来"的观念影响，教劳结合的思潮在中国流行起来。1921 年中国共产党成立后，按照《关于中国共产党任务的第一个决议》的要求建立了劳工补习学校。随着工读思潮和工读运动的发展，逐渐形成了半工半读等多种思想。这些思想主张将读书与劳动结合，实现教育与职业的统一，以提高科技生产力，实现工学结合。

1922 年，《劳动法案大纲》和《实行劳动教育建议案》颁发，保障了劳动工人受教育的权益。在中国共产党的领导下，工农运动广泛开展，同时教劳结合逐渐成为工农教育的指导思想。

《苏维埃学校建设决议案》（1933 年）和《文化工作中的统一战线》（1944 年）两份文件提出，将学校和社会作为教劳结合的实践阵地，推动教劳结合真正落实。这项政策是中国教育发展史上的首创，为未来劳动教育的发展和深化夯实了基础。

2. 1949—2011 年

第一阶段：1949—1977 年，改革开放前社会生产劳动力的培养阶段。1949 年，中华人民共和国成立，"爱劳动"作为国民公德之一，劳动教育被看作社会主义建设和社会主义改造的工具。1950 年，钱俊瑞在《当前教育建设的方针》中提出，树立尊重劳动和热爱劳动的想法，肃清贱视劳动和劳动者的错误观点与习惯。① 在环境和时代因素的影响下，教劳结合的方针和内涵逐步纳入劳动教育政策之中，劳动教育的内容和培养目标与时俱进，劳动教育的政策也发生了变革。随着社会主义改造的基本完成，我国进入了全面建设和探索社会主义发展道路的阶段，在教育领域接连提出了许多新的方针政策。教育为生产建设服务的观点被提出，劳动教育也更加注重对劳动观念和劳动态度的培养。1957 年，毛泽东在《关于正确处理人民内部矛盾的问题》中提出："我们的教育方针，应该使受教育者在德育、智育、体育几方面都得到发展，成为有社会主义觉悟的有文化的劳动者。"②20 世纪六七十年代是劳动教育政策的大变革时期。《全日制中学暂行工作条例（草案）》（1963年）和《全日制小学暂行工作条例（试行草案）》（1963 年）中均指出，全日制小学、中学应该贯彻执行教育必须为无产阶级政治服务，必须同生产劳动相结合的方针。这强调了生产劳动和劳动教育对提高民族的科学文化水平的意义，但渐渐地出现了"以劳代教""以劳代学"等现象，使劳动教育迷失了方向，偏离了正常发展的轨道。

第二阶段：1978—1998 年，现代劳动技术人才的培养阶段。1978 年，党的十一届三中全会吹响了改革开放的号角，劳动教育在社会主义市场经济建设中的地位愈发突出。此时，如何在新的环境下，贯彻落实教育与劳动结合的方针成了新的难题。《全日制六年制重点中学教学计划试行草案》（1981 年）和《教育部关于普通中学开设劳动技术教育课的试行意见》（1982 年）提出开设专门的劳动技术课程，并且对课程如何开设提供了指导，将加强劳动技术教育和培养劳动技术人才作为改革的核心。

---

① 《在全国教育工作会议上钱俊瑞副部长总结报告要点》，《山东政报》1950 年第 1 期，第 42—45 页。
② 中共中央文献研究室：《毛泽东文集（第七卷）》，北京：人民出版社，1999 年版，第 226 页。

第三阶段：1999—2011 年，综合素质人才的培养阶段。随着应试教育转为素质教育，劳动教育成为素质教育的重要手段之一。劳动教育注重对学生健全人格和综合素质的培养，注重学生的个性化培养和全面发展，重视促进学生德智体美劳的全面发展。2001 年发布的《国务院关于基础教育改革与发展的决定》重点强调要深化教育教学改革，扎实推进素质教育，指出："中小学都要积极开展科学技术普及活动。加强劳动教育，积极组织中小学生参加力所能及的社会公益劳动，培养学生热爱劳动、热爱劳动人民的情感，掌握一定的劳动技能。"①《基础教育课程改革纲要（试行）》则针对课程结构改革方面提出："从小学至高中设置综合实践活动并作为必修课程，其内容主要包括：信息技术教育、研究性学习、社区服务与社会实践以及劳动与技术教育。"②自此开始，劳动技术课不再单设，统一划入综合实践活动课程，此时劳动教育的教学目标已基本明确。

同时，这一阶段更加注重将劳动实践与情感的培养相结合。《国家中长期教育改革和发展规划纲要（2010—2020 年）》针对学生的心理状况提出了针对性的建议，要求坚持教育与生产劳动和社会实践相结合，培养学生爱劳动、爱劳动人民的情感态度，培养学生的劳动价值认同感和劳动情怀。在中华人民共和国成立后，通过不断地发展调整，劳动教育的内涵愈加丰富，形式更加多元，由锻炼劳动技能转向注重人的精神发展，劳动教育的方针政策逐步完善、成熟。

3. 2012 年至今

党的十八大以来，教育事业进入了中国特色社会主义新时代，党的教育

---

① 国务院：《国务院关于基础教育改革与发展的决定》，https://www.gov.cn/gongbao/content/2001/content_60920.htm，2001−05−29。
② 教育部：《教育部关于印发〈基础教育课程改革纲要（试行）〉的通知》，http: www.gov.cn/gongbao/content/2002/content_61386.htm，2001−06−08。

方针不断完善，劳动教育也被赋予了新的内涵。2012 年，"立德树人"被确定为我国教育的根本任务；2015 年，教育方针政策由法律形式转化为国家意志，重点强调"教育必须与生产劳动和社会实践相结合"。可见，劳动教育已经成为人才培养的重要组成部分，与德智体美一起，构成新时代的"五育"，开创了"五育并举"的新局面。

2020 年，劳动教育有了更进一步的发展。2020 年 3 月发布的《中共中央　国务院关于全面加强新时代大中小学劳动教育的意见》要求："把劳动教育纳入人才培养全过程，贯通大中小学各学段，贯穿家庭、学校、社会各方面。"①同年 7 月，《大中小学劳动教育指导纲要（试行）》要求大中小学设立劳动教育必修课程，旨在落实劳动教育。

现在，教育改革正在深入推进，朝着 2035 年教育现代化目标奋进。

---

① 中共中央、国务院：《中共中央　国务院关于全面加强新时代大中小学劳动教育的意见》，http://www.moe.gov.cn/jyb_xxgk/moe_1777/moe_1778/202003/t20200326_435127.html，2020-03-20。

第二节　劳动教育课程

劳动教育是发挥劳动教育实践的育人功能，培养学生具备崇尚劳动、热爱劳动的精神，并形成正确劳动观念的教育，而劳动教育课程是劳动教育的重要依托和关键资源。

一、什么是劳动教育课程

劳动教育课程是一门集理论与实践于一体的综合类课程，是一门在劳动教育理论的支持下，指导劳动教育实践的课程。劳动教育课程的理论知识源自劳动实践，即实践丰富了课程理论知识，促进理论知识的与时俱进。

（一）劳动教育课程的提出

中共中央、国务院颁布的《关于全面加强新时代大中小学劳动教育的意见》明确要求："整体优化学校课程设置，将劳动教育纳入中小学国家课程方案和职业院校、普通高等学校人才培养方案，形成具有综合性、实践性、开放性、针对性的劳动教育课程体系。"[①] 教育部印发的《大中小学劳动教育指导纲要（试行）》则进一步指出："普通高等学校要将劳动教育纳入专业人才培养方案，明确主要依托的课程，可在已有课程中专设劳动教育模块，

---

① 中共中央、国务院：《中共中央　国务院关于全面加强新时代大中小学劳动教育的意见》，http://www.moe.gov.cn/jyb_xxgk/moe_1777/moe_1778/202003/t20200326_435127.html，2020-03-20。

也可专门开设劳动专题教育必修课",还"要将劳动教育有机纳入专业教育、创新创业教育,不断深化产教融合,强化劳动锻炼要求","专业类课程主要与服务学习、实习实训、科学实验、社会实践、毕业设计等相结合开展各类劳动实践,注重分析相关劳动形态发展趋势,强化劳动品质培养。在公共必修课中,要进一步强化马克思主义劳动观教育、劳动相关法律法规与政策教育"[①]。如此,便为认识和建设新时代劳动教育课程提供了有力支持。

劳动教育课程是实施劳动教育的重要途径。通过劳动教育课程,学生逐渐理解和形成马克思主义劳动观,懂得如何热爱劳动、尊重劳动者,培养勤俭、奋斗、创新、奉献的劳动精神,具备基本的劳动能力,形成良好的劳动习惯。同时,将劳动教育课程纳入人才培养全过程,丰富、拓展了劳动教育实施途径,使生活中处处有劳动教育课程。劳动教育课程在不同的学段有着不同的表现,但大体分为独立开设的劳动教育必修课、在其他学科中有机渗透的劳动教育内容、在课外校外活动中安排的劳动实践活动、在校园文化建设中蕴含的劳动文化。

(二)劳动教育课程的功能

劳动是人的本质,是生命存在的标志。人类因为有目的的劳动成就自身,同时因为有价值的劳动改造社会。具体而言,劳动教育课程具有以下几种功能。

1. 生活价值

劳动教育课程让学生适应不断发展变化的社会,学会生存。马克思主义的教育思想中倡导培养体力、脑力全面发展的人,动手劳动是最原始,也是最基础的一个环节。无论体力劳动还是脑力劳动,都需要人的参与,需要手

[①] 教育部:《教育部关于印发〈大中小学劳动教育指导纲要(试行)〉的通知》,http://www.moe.gov.cn/srcsite/A26/jcj_kcjcgh/202007/t20200715_472808.html,2020-07-07。

和脑的协调。如今的现实情况是大部分学生接触劳动活动较少，劳动教育课程则为学生接触更多的劳动活动打开了新的大门。在课程的实践活动中，通过组织学生参与日常生活劳动、生产劳动和服务性劳动，让他们在劳动中动起来，出力流汗，磨炼意志，锻炼技能，培养他们独立生活的能力，获得基本的生活技能。

2. 生命价值

劳动教育课程是促进学生全面发展不可或缺的重要组成部分，是培养德智体美劳全面发展人才的必要方式。马克思认为劳动是培养人、塑造人的重要手段，是实现人的解放和全面发展的根本途径。通过开展劳动教育课程，将理论知识与实践活动有效结合，能够帮助学生树立正确的劳动观和价值观，养成吃苦耐劳、独立自主的精神品质，培养解决实际问题的能力。丰富多彩的劳动实践活动，能激发学生的探究欲望，让学生将所学知识与生活联系起来，将理论知识运用到解决实际问题中去，感受自己对家庭、社会和国家的价值和贡献。树立正确的劳动价值观，培养积极、健康的劳动观念，能激发学生对劳动的热情，唤醒学生的内在生命意识，浸润生命品格，体会生命价值，促进生命成长。

3. 社会价值

劳动教育课程能促进个人发展与社会发展的统一。空谈误国，实干兴邦，实现中国梦从根本上靠的是劳动创造，因此实现中华民族伟大复兴的梦想，让梦想之花绽放，离不开劳动教育课程。随着生产力的发展和社会环境的变化，劳动变得更加多元，但其中部分变化造成对劳动基本态度、基本观念、基本情感的认知误区。无论时代和社会如何发展，推动人类文明进步、让人类幸福的基本前提必然是勤奋劳动。因此，通过劳动教育课程开展脚踏实地的实践活动，让学生坚持不懈地勤奋努力，明白劳动是创造价值的唯一源泉，有助于将学生培养成新时代合格的劳动者，培养成中国特色社会主义的合格建设者和接班人。

二、劳动教育课程的研究现状

（一）课程开发研究

1. 国家课程

劳动教育是中国特色社会主义教育制度的重要内容，对于培养社会主义的合格建设者和接班人具有重要的战略意义。

2010 年，胡锦涛同志提议要加强劳动教育，阐明任何一项伟业都离不开劳动。这一观点阐述了在社会主义国家的青少年都应进行劳动者最伟大的真理学习活动、劳动最光荣的社会实践活动。同年 7 月，《国家中长期教育改革和发展规划纲要（2010—2020 年）》正式发布，提出要"加强劳动教育，培养学生热爱劳动、热爱劳动人民的情感"。

2018 年 9 月，习近平总书记在全国教育大会上的讲话中明确，要将劳动教育纳入社会主义建设者和接班人的总体要求，必须构建大中小学劳动教育体系，全面落实党的教育方针。为构建德智体美劳全面培养的教育体系，2020 年 3 月 20 日，中共中央、国务院正式颁布《关于全面加强新时代大中小学劳动教育的意见》，围绕劳动教育的重要性、构建劳动教育体系的方法等方面提出了清晰方向和具体要求。该意见是大中小学开展劳动教育、建设劳动教育课程的基本准则。

2022 年，教育部发布《义务教育劳动课程标准（2022 年版）》，根据不同学段制定了整理、收纳、烹饪、营养等方面的目标，在一至九年级开设课程，这意味着劳动教育正式被归为国家课程，旨在通过劳动教育课程，让学生接受更专业的学习，明确认识劳动的意义和价值。

2. 地方课程

地方课程又称地方本位课程，是指地方各级教育主管部门根据国家课程政策，以国家课程标准为基础，在一定的教育思想和课程观念的指导下，根据地方政治、经济、文化的发展水平及对人才的特殊要求，充分利用地方课程资源而开发、设计的课程。[①] 在《义务教育劳动课程标准（2022 年版）》正式颁布前，劳动课程大多依照已有的政策，以地方课程和校本课程的形式开展。例如，山西省汉阴县深入挖掘地域资源，结合地域特色，出台《汉阴县新时代中小学劳动教育实施方案》和《汉阴县新时代中小学劳动教育质量评价考核细则》，将地方民俗、非物质文化遗产、红色文化、地方课程和校本课程有机融合，开设具有汉阴特色的劳动教育课程，探索出了独特的劳动教育实施路径。为确保各校开设劳动教育课程，汉阴县做到有教材、有课时、有评价的建设校内外劳动教育基地，并针对劳动技能、劳动价值观念等方面开展全面、有层次的培训。

地方特色劳动教育课程的开发使劳动教育更贴近地方实际，同时也为后续国家劳动教育课程的开设奠定了一定基础。

3. 校本课程

校本课程即以学校为本位，由学校自身确定的课程。校本课程是由专家和教师依据学校特色、办学方针和学生水平，有针对性地开发的课程。[②] 许多学校的劳动教育课程已开发得较为成熟与完善。例如，为贯彻落实《中共中央　国务院关于全面加强新时代大中小学劳动教育的意见》和《大中小学劳动教育指导纲要（试行）》，浙江省平湖市东湖小学制订了"一校一策"

---

① 许洁英：《国家课程、地方课程和校本课程的含义、目的及地位》，《教育研究》2005年第 8 期，第 32—35，57 页。
② 许洁英：《国家课程、地方课程和校本课程的含义、目的及地位》，《教育研究》2005年第 8 期，第 32—35，57 页。

劳动教育实践体系，依托场域支持、课程支持和评价支持实现劳动教育的落实。同时通过灵活安排课程内容，全面培养学生的劳动意识和劳动技能，并设置"小公民角色体验""跟着节气去劳动"等14个劳动教育课程，将劳动理念渗透到学生一天的学习中。当然校本课程的开发工作尚不平衡，还存在部分学校劳动教育课程设计不完善等问题。

（二）课程内容研究

劳动教育课程的内容应贯彻党和国家的方针政策，依据教育目标，针对不同学段、不同类型学生的特点，以日常生活劳动、生产劳动和服务性劳动为主，形成具有实践性、开放性、针对性的劳动教育课程体系，帮助学生锻炼如下品质。

1. 树立正确的劳动观念

在劳动过程中产生的对劳动的看法就是劳动观念。劳动观念反映劳动者对劳动的态度，决定劳动者在劳动过程中的行为，影响劳动者的劳动习惯和价值判断。树立正确的劳动观念，才能拥有健康的劳动态度，从而自觉、主动地为美好的人生奋斗。"劳动最光荣"虽然被很多人牢牢记在心中，但是人们该如何从思想层面真正地认识劳动，了解劳动的意义仍然是劳动教育课程要解决的问题。

学生只有理解劳动的价值和意义，才会尊重劳动。要让学生树立正确的劳动观念，就要帮助学生正确认识劳动，充分认识劳动对国家、社会和个人的重要意义，理解劳动的价值，进而尊重劳动，尊重每一位普通的劳动者，切实改变轻视、鄙视体力劳动和体力劳动者的错误观点，三百六十行，行行出状元，要让学生明白劳动没有高低贵贱之分。因此，在课程设计与实施时，应注重劳动观念的培养，让"劳动最光荣、劳动最崇高、劳动最伟大、劳动最美丽"的观念外化于行、内化于心。

2. 锻炼必备的劳动能力

2000 年，教育部将"社会实践和劳动技术教育"列为学生综合素质发展所需的必修课程之一，要求学生学习后要具有与社会生活相适应的职业意识、创业精神和一定的择业能力。劳动能力是劳动者劳动的基本前提，是劳动者劳动时的必备条件。

劳动能力不应局限于实用性这一方面。学校应根据学生的年龄特点、生活背景和时代背景，开展适合学生的、补充学生平时学习环境中缺乏的、能激发学生兴趣的活动，让学生在活动中体会到自己在社会中的作用，明白劳动的意义，锻炼劳动技能，磨炼意志，为未来步入社会打下基础。

3. 养成良好的劳动习惯

瑞士的教育家裴斯泰洛齐主张进行生活教育，认为教育的最终目的不是圆满地完成学业，而是适应生活；不是养成盲目服从规定的勤奋习惯，而是培养自主的行为，让劳动习惯为美好生活奠基。良好的习惯是成功的钥匙。当劳动成为学生的一种生活习惯，就能提高他们独立处理个人生活事务和自立自强的能力；就能让他们自觉自愿、认真负责、安全规范、坚持不懈地参与劳动，形成诚实守信、吃苦耐劳的品质；还能让他们珍惜劳动成果，养成良好的消费习惯，杜绝浪费。在教学过程中应将劳动精神、劳动观念广泛传播并深深地植入每一位学生的心中，让善于劳动、勤于劳动体现在每一位学生的日常行为中，让劳动成为习惯。

4. 培养积极的劳动精神

劳动精神是指崇尚劳动、热爱劳动、辛勤劳动、诚实劳动的精神，是中华民族顽强拼搏、自强不息品格的体现，是中华民族能够与时俱进、开拓创新的精神风貌的彰显。新时代应积极开展劳动教育，大力发扬劳动精神，塑造学生良好的精神面貌和正确的价值取向。

在培养劳动精神的过程中，必须领会"幸福是奋斗出来的"的内涵与意义，必须继承中华民族勤俭节约、敬业奉献的优良传统，必须弘扬开拓创新、砥砺奋进的时代精神。劳动精神既是劳动教育的培养目标，是劳动教育的重要内容，也是每位劳动者为创造美好生活而在劳动过程中秉持的劳动态度、劳动观念和劳动行为。

（三）教学方法研究

教学方法由指导思想、基本方法、具体方法和教学方式4个层面组成，课程教学方式的恰当与否将直接影响课程内容的组织与实施效果的好坏。

1. 劳动理论教育与实践教育结合

实践和认识是辩证统一的关系，实践是认识的基础，认识对实践具有指导作用。通过学习理论知识，学生能够认识劳动的本质和劳动实践的意义。通过实践活动，学生能巩固所学的理论知识，通过亲身体验感受劳动的乐趣。劳动教育课程具有很强的实践性，针对不同年龄段的学生，有不同的培养目标和方法。

在教学过程中应始终坚持理论与实践相结合，根据劳动目标的侧重，灵活运用社会中现存的资源，开展劳动教育课程。对于小学生而言，劳动教育重在使他们体验劳动，学会基本的劳动技能，感受劳动带来的乐趣。针对中学生，劳动教育则重在让学生认识劳动，明白劳动的价值和意义，了解劳动的有关概念。针对大学生，需要通过劳动教育课程，实打实地让他们理解劳动，获得与职业有关的劳动技能，并形成劳动价值观。

2. 劳动教育的统一与差异相结合

劳动教育课程既需要贯彻党和国家的整体部署，也要坚持灵活多样的教育方式。劳动教育课程应始终坚持立德树人的教育理念，从课程的师资状况、评价方式等方面构建科学、有效的劳动教育课程体系，将劳动教育与思想政治教育、志愿服务、社会实践、职业教育相结合，推动和谐、完善的育人体系的构建，推动学校与社会、家庭等方面的合作。

同时，劳动教育课程的内容和形式应因地制宜。由于地区之间发展不平衡、不充分，学校应根据当地的实际情况，结合当地的文化特色、自然景观和非遗文化，充分挖掘可利用的资源，创新开展劳动教育。当然，劳动教育还可以与学校特色相结合，基于办学规模、办学特色，利用现有的校本课程，开展具有学校特色的劳动教育。

3. 以学生为主体与学校主导结合

学生是学习的主体，以学生为主体与学校主导相结合的劳动教育原则既符合教育规律，也符合教育目的，是促进学生全面发展的重要保证。

第一，充分肯定学生的主体地位。在开展教育活动时，需要充分尊重受教育者的主体地位，调动受教育者自我教育的积极性与主动性。在劳动教育课程中，学生不是被动地接受教育的傀儡，而是不断地进行自我教育的主体，劳动教育只有通过主动内化，才能真正取得理想的效果。

第二，注重发挥学校的主导作用。学校的主导作用发挥得越好，学生的主体地位才能得到更充分的体现。学校应承担起劳动教育的主导责任，确保劳动教育课程的正常开展，设置丰富的劳动教育实践活动，保证理论学习和实践学习的高质量。同时，还需加强对教师队伍的培训，提高教师开展劳动教育的素养；在校园中营造"爱劳动、会劳动、善劳动"的劳动氛围。

三、劳动教育课程的发展趋势

经济社会高速发展的同时，拜金主义、金钱至上的行为屡见不鲜。同时人们对创造财富的根源的认识出现的偏差，使人们的世界观、人生观和价值观受到了冲击，如"炒股""炒房""炒鞋"等行为甚至让有些人产生了"躺着就能赚钱"的错误认识，劳动观念淡化、劳动能力弱化、不珍惜劳动成果等诸多问题随之显现。新时代，国家、社会和个人对劳动教育课程的日趋重视，使劳动教育的发展及课程的建设正逐渐朝着积极的方向转变。

（一）劳动教育课程的立德树人愈发凸显

1. 鲜明的思想性

思想性是劳动教育课程的灵魂，劳动教育的核心在于强调劳动者是国家的主人，劳动者是国家事业的开创者，所有形式的劳动和所有的劳动者都应该得到鼓励和尊重，反对一切不劳而获、崇尚暴富、贪图享乐的错误思想。

劳动教育课程思想性的有效体现离不开完善的劳动教育课程体系、科学的劳动教育课程教材、专业的劳动教育者。思想指导一切，思想高于一切，思想指导实践，因为有思想，人才会继承过去的文化，进而弘扬和发展优秀的文化，推动社会的进步。学生通过劳动教育课程，可以深入地了解真实的劳动，认识劳动的重要性，培养劳动观念和劳动精神，进而主动地、高效地将以劳动为荣的思想内化于心、外化于行。劳动教育课程的育人价值的重要性不言而喻。

2. 突出的社会性

劳动来自生活，而美好生活的创造也依靠劳动。劳动教育课程的内容与学生的现实生活密切关联，课程要求引导学生走向社会、认识社会，强化责任担当意识，体会社会主义平等、和谐的新型劳动关系。

劳动教育课程标准也明确指出，在开展劳动教育课程时，学校作为实施主体，需围绕学生的情况尽可能多地合理设置场域和活动，创造机会和条件，创新内容和形式，开展丰富而又鲜活的劳动实践，使劳动教育课程不局限在课本上，不局限在课堂里，不局限在校内，使学生能够切实地接触多样的社会环境，在真实的劳动中挑战自我，体会劳动精神，实操劳动技能，丰富个人经验，提高劳动能力，深化对劳动的全面理解。劳动教育课程的社会性有助于学生综合运用多方面的知识，促进自身全面而有个性的发展。

3. 显著的实践性

劳动教育课程以动手实践为主要方式，引导学生在认识世界的基础上，学会建设世界。《义务教育劳动课程标准（2022年版）》也指出，劳动教育课程应构建以实践为主线的课程结构，根据学生的经验基础和发展需要，以劳动项目为载体，以学生亲身体验劳动过程为基本要求，开展实践活动。

劳动技能的形成和锻炼离不开反复的劳动实践，劳动教育课程的特殊性使其实践主题更多元，实践方式更多样，实践内容更丰富。课程强调学生的直接体验和亲身参与，倡导"做中学""学中做"，激发学生的主动性、积极性和创造性；引导学生在一定的情境下进行沉浸式体验、操作，使学生在实践过程中获得更丰富的劳动体验，习得劳动知识与技能，感悟劳动价值，培养劳动精神。

（二）劳动教育课程的综合评价愈发完善

1. 评价内容多维

美国心理学家加德纳的多元智能理论指出，人有8种智能：语言智能、人际关系智能、音乐智能、自我认识智能、身体运动智能、空间智能、逻辑数学智能和认识自然智能。他认为每个人都各有所长，不能单独从一个方面去评价学生，而应综合各方面对学生进行评价。

劳动教育课程的评价也可以借鉴多元智能理论，因为劳动教育课程的内容分为劳动观念、劳动技能、劳动精神、劳动习惯4个方面，劳动教育课程既包括理论，又涉及实践，则评价内容应是多维的。在评价时，应结合课程内容、教学目标和培养要求，充分尊重学生个体，从多个维度指出学生的优点和目前存在的不足，给予学生正确、有效的评价。

2. 评价方法多样

每位学生都是独立的个体，教师应充分尊重学生的个体差异，要采用以劳动素养的形成为核心的多元的评价方法来使学生全面地认识自己，使全体学生都能得到不同程度的发展。

可以采用的评价方法有绝对评价法、相对评价法和自我评价法。绝对评价法指的是将学生的情况与课程标准进行比较，有助于学生了解自身的能力水平。相对评价法是以班级或小组为单位对学生进行评价，帮助学生了解自己在集体中的位置，激发竞争意识。自我评价法指的是以学生自身为基准，可以是同一方面现在的成绩和过去的成绩的比较，也可以是同一时间不同方面的比较。

劳动教育是终身的、持续的，在评价方面不应固化，应将不同方式的评价渗透到教学的多个环节，并及时反思，使教学和评价融为一体。

3. 评价主体多元

劳动教育课程是一门综合性与实践性较强的学科，由于该课程的特殊性，开展教育教学活动时的重要影响因素不仅有学生和教师，还包括家长、社会人员等，且受学校环境、家庭环境的影响。因此在评价上，就要改变由教师作为主要评价主体的做法，保证在不同环境和不同活动中，评价主体的灵活变动。

在学校组织的校内外的实践活动中，应加强学生的自评、互评。家庭开展劳动教育时，家长也要给予较为恰当、合适的评价。在实施过程中，还应加强家校社的有效协作。同时，建立和完善科学的劳动教育评价体系，各评价主体各司其职，相互配合，共同推动劳动教育的实施。

（三）劳动教育课程的创新实践愈发活跃

1. 聚焦"五育"并举

要通过劳动教育塑造健全的人格，就要把劳动教育纳入人才培养的全过程，贯通大中小学各学段，以培养德智体美劳全面发展的学生为目标，依据新时代培养全面发展的人的总目标，充分借鉴国际先进教育理念，结合国情实际，培养学生的劳动观念、劳动习惯与劳动能力。

其一，厚植全民劳动情怀，以劳树德，培养学生热爱劳动的习惯。通过劳动教育激发学生的道德情感，培养学生的劳动品德，以及践行道德行为。可见，以劳育德是道德教育的重要内容。

其二，丰富大中小学劳动教育课程，以劳增智，让学生学会劳动的技能与方法。体力劳动与脑力劳动的结合，是劳动教育发展的基础。劳动知识与劳动技术的丰富和发展促进了学生智力的提升，劳动教育的过程亦是智力教育的过程。

其三，开展实践活动，以劳强体，塑造劳动的必要体质。劳动素养是个体的立身之基，劳动技能则是立业之本与强体之要。劳动教育的实施要遵循理论与实践相结合、劳心与劳力相结合的原则，在此过程中，学生的身体素质也得到了提升，实现了以劳强体。

其四，坚持全面发展，以劳逸美，构建新的"美"好世界。劳动时可以体知真善美的价值意蕴，因此可以把劳动教育的相关内容融入美育的过程中。

2. 关注"特色"开发

纵观劳动教育的发展历程，劳动教育的形式随着社会的发展一直处在调整中，学生对劳动的态度和观念也一直都是劳动教育者关注的重点，是劳动教育的重要组成部分。培养学生热爱劳动、尊重劳动、尊重劳动者的思想一直以来都是劳动教育的任务和使命。促进劳动教育的校本化有利于最大限度地激发社会力量的广泛参与，再由学校结合当地特色、学校特点、培养目标，设计具有地域特色、文化底蕴的劳动教育课程体系，推动劳动教育课程的创新，从而因地制宜地开展劳动教育课程。

3. 突出"人本"指向

"人本主义"是劳动教育的出发点和最终归宿。劳动教育课程内容上坚持"以人为本"，结合我国特色与时代特点，满足学生的成长发展需求，为学生提供生活劳动课程，以生活劳动锤炼劳动品格、养成劳动习惯，并树立正确的劳动观；为学生提供生产劳动课程，以生产实践锻炼劳动能力、培养劳动情感，树立正确的劳动价值观；为学生提供服务性劳动课程，以服务奉献体验劳动成就、涵育劳动精神和培养良好的劳动品质。同时，伴随人工智能、大数据技术的迅猛发展，劳动教育的价值意蕴、精神内涵、方式方法仍需不断丰富和完善。

第二章

教育强国与师范生培养的研究概述

党的十九大报告指出："建设教育强国是中华民族伟大复兴的基础工程，必须把教育事业放在优先位置，加快教育现代化，办好人民满意的教育。"建设教育强国的根本目的是培养面向新时代的合格人才，培养合格人才的关键则是要有一支优质的教师队伍。师范生作为未来教师的重要来源，对其高质量培养及其自身德智体美劳全面发展，是新时代推进教师教育深化改革的现实需要。

33

第一节　教育强国的相关研究

党的十九大报告指出："建设教育强国是中华民族伟大复兴的基础工程，必须把教育事业放在优先位置，加快教育现代化，办好人民满意的教育。"鉴于教育强国的重要意义，当前我国所追求的教育强国即成为国际教育领域的强者、佼佼者。

一、教育强国的概念

（一）基本定义

教育强国是指通过发展教育事业，提高国家的教育水平和人才素质，实现国家的繁荣和发展。教育强国是中国特色社会主义事业的重要组成部分，也是实现中华民族伟大复兴的基础工程。

首先，要对教育有坚定的信心。总结和借鉴我国优秀的教育经验和现代教育改革的发展经验，坚持中国特色社会主义方向，突出中国教育的鲜明特点。

其次，要加强教育意识。按照教育规律、人的身心发展规律，系统实施国家创新引领发展战略，深化教育改革，促进教育方式转变，不断提高教育质量和教育水平。

最后，要促进形成对外开放的高标准教育体系。扩大与国外教育领域的深入交流，通过加强中外合作引进优质教育资源，推进教育系统的高质量发展；同时积极参与全球教育治理，描绘全球教育的未来蓝图。

（二）本质属性

一个真正的教育大国是一个拥有概念性、系统性和高质量的制度形式的国家，在提升本国教育理念的同时，能够对其他国家产生重大影响。例如，英国、德国和美国结合本国国情分别形成的具体教育理念是"坚守的传统""自由的理念"和"多样性的思想"。他们的教育结构都有一个确定的体系，可以有效地实施教育理念，并得到世界的认可。

目前，中国教育没有明确的理念。中华人民共和国成立之初全面引进苏联的教育思想，改革开放后转向向西方综合学习，造成了现代教育的一种混乱现象。而我国建设教育强国所需的教育思想体系受到"以人为本"和"构建和谐社会"思想的影响，使教育具有中国特色，符合社会发展规律。所以，教育强国是一种教育与社会发展规律相协调、具有中国特色的教育理念构想。

（三）价值功能

1. 立德树人：人生的扣子从一开始就要扣好

我国教育的根本任务是把德育落实到教育发展的各个领域、各个方面、各个环节，只有以德育为核心和根本，培养德智体美劳全面发展的社会主义建设者和接班人，才能建设真正的教育强国。

"党的十八大以来，围绕'培养什么人、怎样培养人、为谁培养人'这一根本问题，习近平总书记多次走进大中小学校，在与师生的亲切交谈中阐述立德树人的丰富内涵、途径和方法——从'人生的扣子从一开始就要扣好'，到'要坚持把立德树人作为中心环节，把思想政治工作贯穿教育教学全过程'，再到'要把立德树人的成效作为检验学校一切工作的根本标准'……谆谆嘱托，为教育改革发展指明了方向、提供了遵循。"①

---

① 张烁、丁雅诵、吴月：《教育强国，阔步前行》，《人民日报》2021年6月23日，第9版。

2. 优先发展：努力让每个孩子享有受教育的机会

我国将坚定不移地实施科教兴国战略，始终把教育放在优先发展的战略地位，不断扩大投入，努力发展全民教育和终身教育，建设学习型社会，确保每个孩子都享有受教育的机会。

党的十八大以来，我国已连续 9 年将国内生产总值的 4% 以上份额投入教育，让各种惠民举措落地生根。农村学校的软硬件不断升级，山区的孩子们进入他们期待的高等院校，职业学校的学生可以学习到更多、更优的技能，更多的学生获得让人生出彩的机会。我国的普惠性幼儿园覆盖率已超过80%，有效缓解了上学难、上学远、上学贵的问题；全国 96.8% 的县级单位实现了义务教育的基本均衡，有 4060.82 万名学生从农村义务教育改善计划中受益；等等。[①]

（四）发展目标

教育兴则国家兴，教育强则国家强。国家要发展，需要的是高质量的教育，这意味着不仅要有较高的整体质量和标准，还要有一定数量的世界一流大学。因此，高质量应该是"点"和"面"的有机结合。另外，教育的高质量只有在世界范围内得到认可才有意义，所以这里的高质量应该用全球标准来衡量。

教育不仅要关注现在，也要关注未来。教育强国的目标是建立"人人可学、随时随地可学"的终身学习教育体系，以人为本发展教育，培养创新型终身学习者，对中国和世界的教育产生积极而深刻的影响。

二、教育强国的价值定位

习近平总书记指出："'两个一百年'奋斗目标的实现、中华民族伟大

---

① 张烁、丁雅诵、吴月：《教育强国，阔步前行》，《人民日报》2021 年 6 月 23 日，第 9 版。

复兴中国梦的实现，归根到底靠人才、靠教育。"①教育不仅关系到每个孩子的命运和每个家庭的未来，还关系到为经济社会发展提供的人才和智力支持。可见，教育已成为我国经济社会发展和社会主义建设的一项紧迫任务。只有把教育搞好，才能确保为民族复兴不断提供贤才。

（一）教育强国的描述性价值

教育强国的描述性价值是在教育的历史发展过程中逐渐形成的。意大利、英国、法国、德国和美国都在某个时间段拥有强大的教育力量，他们的教育水平在当时是世界教育的巅峰。探讨教育强国在整个教育发展史上的描述性价值，可以得到以下启示。

1.教育强国是人类主观选择的结果

教育强国不是自发形成的，虽然这种自发的现象在某些发展阶段，特别是在教育的萌芽阶段可能很明显，但总的来说，教育强国是随着社会和教育的发展，人类主观选择的结果。

一般来说，人们很容易误认为中世纪欧洲的大学是自发产生的，实际上，它们是人类主体在社会需求刺激下动态选择的产物。中世纪欧洲社会的政治稳定，教会的影响日益扩大，商业贸易的发展，城市的兴起，行会的出现，以及基督教与伊斯兰世界的文化交流，无疑都呼唤着大学的诞生，同时也为中世纪欧洲大学的诞生及其培养人才目的的实现奠定了坚实的基础。同样，美国的霍普金斯大学经常被作为教育的"自发秩序"的案例，实际上它是一个"德国副本"——从德国大学的学院中获得其发展模式。这种模仿和复制是人类有意识选择的一种表现。

由此可以得出，教育强国是人类主动性在教育中的必然体现，是教育发展的必然结果，是人类主体对教育发展的追求。

---

① 顾明远：《稳步提升教育质量和水平》，《人民日报》2021年1月12日，第9版。

2. 教育强国是在功能和结构优化中实现的

每个国家的教育特点都深受各自国家的政治、经济和文化的影响，而历史表明，对教育强国的解释应该集中在教育的功能和结构上。其中，功能，包括社会功能和个体功能，揭示的是教育强国的外部规定性；结构，包括宏观结构和微观结构，揭示的是教育强国的内部规定性。也就是说，教育强国的最终判定取决于教育对社会发展和人的发展的"贡献率"。

改革开放以来，劳动的内容和方式不断丰富，体力劳动者和脑力劳动者都属于劳动力，按劳分配、各尽所能是社会主义的分配原则。一个结构优良的教育系统往往能确保其良好运作。教育必须在功能上与所在社会的政治、经济和文化体系相结合，才能很好地履行其职能，适应复杂多变的社会需要。

3. 教育强国建设需要良好的经验和氛围

从世界教育发展的轨迹来看，那些被称为教育强国的国家基本上都有着新的教育模式，由此产生的优良的教育系统是建立在世界教育遗产和传统基础上的，是结合每个国家的政治、经济和文化特点进行制度创新的结果。历史经验表明，即使不同的国家在不同的政治、经济和文化背景下选择不同的道路和方法，也有一些具有普遍性与共性的模式和制度可以借鉴，在这个过程中获得的经验就显得更加重要。

我国目前还处于建设教育强国的初步探索阶段，但从世界与我国的教育实践来看，建设教育强国，提高人才培养、科学研究、社会服务、文化传承、国际交流合作等方面的创新创造能力，最关键的是要在实践中营造创新创造的氛围，让人们愿意参与建设。

（二）教育强国的目标性价值

建设教育强国是中华民族伟大复兴的基础工程，因此必须把教育事业放到民族复兴的高度去认识，置于优先位置去发展，推动我国教育事业取得历史性成就、发生历史性变革。

1. 社会价值

教育强国意味着在价值追求方面"更加公平"。公平的教育意味着所有人都有平等的受教育的权利和义务，有相对平等的受教育的机会和条件，有相对均衡的教育水平。教育公平是社会公平的重要基础，社会公平关系到一个国家的经济繁荣、社会进步和人民的福祉。

2. 思想价值

教育强国意味着更高质量的教育。优质教育应考虑到学生的利益，以实现国家教育目标为基础，促进学生身心全面、和谐、个性化的发展，拒绝一味地知识输入，强调思维的形成和技能的培养，以提高学生独立思考能力。

3. 时代价值

在知识经济时代，各国之间的竞争越来越表现为人才竞争，而人才竞争的实质就是教育的竞争。如今，我国正在现代化的道路上不断攀升，教育的重要性怎么强调都不为过。孩子们具备着改变未来世界的潜力，用更好、更公平的教育挖掘这种潜力，能够大大提升国家的竞争力，这是教育的神圣使命。

三、教育强国的意义

习近平总书记高度重视教育在党和国家发展全局中的地位和作用，明确指出教育是民族振兴和社会进步的重要基石，强调建设教育强国是中华民族伟大复兴的基础工程。

（一）有利于推动新时代政治建设

建设教育强国，引领社会发展方向。

1. 指引国内发展

教育事业是党和国家的事业，是人民的事业，是一个国家综合国力和国际地位的根本体现。教育的发展要符合党和国家事业发展的要求，这是中国特色社会主义事业发展的必然要求；教育的发展要符合人民群众的期待，这是"以人为本"的发展思想在教育领域的体现；教育的发展要和我国的综合国力与国际地位相适应，这是我国综合国力和国际地位对教育发展水平的根本要求。这些重要论述为准确理解教育的新发展阶段提供了思想上的指导。

党的十八大以来，以习近平同志为核心的党中央高度重视教育工作，加强了党对教育事业的全面领导。《中国教育现代化 2035》要求全面加强各级各类学校思想政治工作，推进和深化教育领域综合改革，从而使中国特色社会主义教育面貌发生格局性变化。①

2. 适应国际变化

在当前全球化交往日益密切的环境下，国家之间在教育方面的竞争程度正在加剧，因此教育需要适应国际变化。国家不仅要让教育适应国际趋势，开展教育方面的国际交流与合作，还要积极培养人才，以适应国际化活动的需要，应对国际形势的变化。

面对当前深化教育改革的形势，建设教育强国可以为我国的教育改革注入活力，促进政府教育职能的转变和教育政策的优化。教育是百年大计的关键，我国的教育改革不仅是为了改善人们的生活，也是为了紧跟全球科技发展的浪潮。

（二）有利于加快新时代经济建设

建设教育强国，注入经济发展动力。

---

① 中共中央、国务院：《中共中央、国务院印发〈中国教育现代化 2035〉》，http://www.moe.gov.cn/jyb_xwfb/s6052/moe_838/201902/t20190223_370857.html，2019-02-23。

1. 把握新发展理念

在教育领域实施的新发展理念是"以人为本"，以使广大人民群众共同享有教育改革的成果。发展理念是发展行动的先导，是发展思路、发展方向和发展重点的集中体现，发展行动应以相对应的发展理念为指导。

党的十八大以来，习近平总书记提出，要顺应时代和现实发展的新要求，坚持以人民为中心的发展思想，坚决贯彻创新、协调、绿色、开放、共享的新发展理念。新发展理念巩固了我们党对新发展阶段特征的深刻洞察和科学把握，标志着我们党对教育和经济社会发展规律的认识达到了新的高度，具有很强的战略性、系统性和引领性。

2. 增强人才创造活力

党的十九届五中全会强调，要把新的发展理念引入发展的全过程和全领域，这是"十四五"期间经济社会发展必须坚持的原则。发展教育事业，必须以习近平总书记关于教育的重要讲话精神为指导，坚持创新在我国现代化建设全局中的核心地位，坚持教育是人才发展的主渠道、主阵地。

只有加强教育科研，面向经济主战场，完善创新人才培养的体制机制，健全以创新能力、质量和贡献为导向的人才评价体系，大力培养和造就规模宏大、结构合理、素质优良的创新人才队伍，才能通过教育提升中华民族的创新创造活力。

（三）有利于促进新时代科技发展

建设教育强国，夯实科技创新基础。

1. 推进科技现代化

教育是科技发展的重要基础，科技的发展离不开教育的推动。科学技术是第一生产力，科学技术为教育的改革、发展和创新服务。增加教育投入，可以在一定程度上提高学生的科技意识，培养学生的实践能力，丰富学生的知识，开阔学生的眼界，启迪学生的智慧，同时可以有效激发学生的好奇心，全面教育和培养国家未来的建设者和接班人。抓住了教育和培养人才的根本，就能抓住科技发展的关键要素，从而实现与世界科技共同发展。

2. 完善科技人才结构

目前，人才培养的类型结构、学科专业结构、知识能力结构不能完全满足经济社会高质量发展的需要，这是我国建设创新型国家的制约因素。

构建德智体美劳全面培养的素质教育体系，形成更高层次的人才培养体系，开创教育发展新格局，有助于进一步优化院系结构、专业结构和人才培养结构，有利于创新型、复合型、应用型人才的培养，有利于形成完全符合人才培养规律的人才培养机制，进而健全学校、家庭、社会协同育人机制。同时，还要发展全民教育和终身教育，建立促进全民终身学习的机制，搭建终身学习的桥梁，加快建设学习型社会，实现人才的竞争性流动，从而培养众多能承担国家复兴大任的时代新人。

（四）有利于推进新时代教育改革

建设教育强国，促进教育发展提质。

1. 把握正确方向

党的十八大以来，以习近平同志为核心的党中央对新时代党和国家事业发展作出了科学完整的战略部署，提出了"建设教育强国是中华民族伟大复兴的基础工程"的重大论断，把发展教育事业放在社会主义现代化建设的优先位置。党的二十大报告首次将"实施科教兴国战略，强化现代化建设人才支撑"作为一个单独部分，充分体现了教育的基础性、战略性地位和作用；同时，该报告为"加快建设教育强国、科技强国、人才强国"制定了全面系统的规划，这为到 2035 年建成教育强国指明了新方向。

2. 促进教育公平

我国的教育情况在地区、城乡、学校之间均存在着差距，有许多不足之处需要弥补。在新的发展阶段，我国应着重解决教育发展不协调、不平衡的问题。

建设教育强国，必须坚持多元、均衡、智能、系统发展，通过创新制度安排，优化教育资源配置，缩小教育发展差距，努力办好公平优质的教育，实现教育协调均衡发展。落实共同发展理念，就要确保教育发展注重"以人为本"的发展理念，不断满足人民群众对美好教育的期待，提高人民群众的获得感，不断促进教育发展成果更多更公平地惠及全体人民，发展全民教育和终身教育。

3. 加速教育现代化

教育现代化是国家现代化的重要支撑。经过 70 多年的发展，特别是 40 多年的改革开放，新中国的教育事业取得了举世瞩目的巨大成就，建成了世界上最大规模的教育体系，走出了一条中国特色社会主义教育发展道路。全面加强教育体系建设，有利于用先进的教育思想和科学技术武装人民，使教育思想、教育内容、教育方法、教育手段及校舍和设备逐步提高到现代化水平和世界先进水平。

（五）有利于增强新时代文化自信

建设教育强国，坚定文化自信底气。

1. 推动文化传承与发展

教育是传播文化的最重要手段，教育的基本功能是传播文化。然而，选择教育来传播文化有其特定的机制，选择的目的往往是促进受教育者的发展、社会的发展、国家和民族的发展及人类的发展。学校教育是文化教育的一个重要手段，学校教育基于教育目标、教育过程、课程标准和教师群体来选择文化，将优秀文化传递给学生，提升学生的文化创造力，使文化代代相传。教育选择的文化内容和价值观体系，保证了人类优秀文化的延续，是人类自身发展和进步的动力。

2. 构建文化价值与精神

文化的进步，精神文明的发展，一切都来自教育的延续，文化和教育是一个国家最深沉和最持久的力量本原。教育在文化内容的选择上非常重视价值取向，教育始终和文化保持同一性和延续性，使民族文化价值得到更广泛的认同，民族文化精神得到更深入的弘扬。中华优秀传统文化是中华民族的精神命脉，是最深厚的文化软实力。今天，中国的学校教育必须坚持传承和发扬中华民族的优秀教育传统，通过教育进一步培育学生具备中华民族的共同情感和价值观、共同理想和精神。

3. 促进文化传播与交流

教育是文化交流和传播的重要途径。从古至今，国家、民族和地方在长期的相互学习、交流、借鉴、融合中不断发展，促进了文化的传承和发展，形成了人类文明的历史。特别是国际文化交流，加强了不同民族文化的相互学习和借鉴，促进了世界文化的多元发展。费孝通认为，现在的文化应该"各美其美，美人之美，美美与共，天下大同"，即只有把自尊自信和尊重他人结合起来，才能美美与共，才能共同创造多彩的文明，从而为人类提供正确的精神指引，达到天下大同的境界。

第二节 师范生培养的相关研究

党的十八大以来，以习近平同志为核心的党中央站在实现中华民族伟大复兴中国梦的高度，充分肯定了教师是教育发展的第一资源，坚持把教师队伍建设作为基础性工作，将教师工作的基础性、先导性、全局性地位和作用提升到空前的高度。作为未来教师预备者的师范生，必须适应未来教育教学发展，必须养成自身发展的必备人格品质和关键能力，必须拥有相关专业知识与教学思维。师范生培养任重道远。

 一、师范生培养的研究现状

为了推动教师教育综合改革，全面提升教师培养的质量，2014 年 8 月，《教育部关于实施卓越教师培养计划的意见》正式印发。该意见明确指出，目前我国教师教育存在"教师培养的适应性和针对性不强、课程教学内容和教学方法相对陈旧、教育实践质量不高、教师教育师资队伍薄弱等突出问题"。所以，大力提高教师培养质量成为我国师范生培养模式改革与发展最核心、最紧迫的任务。

（一）培养政策

为吸引优秀人才从教，适应新形势，2018 年 8 月，《教育部直属师范大学师范生公费教育实施办法》正式公布，其对师范生公费教育政策予以改进和完善，标志着我国师范生"免费教育"升级为新时代"公费教育"。中央财政承担师范生在校期间的学费和住宿费，并提供生活补助；在有关省级政府的协调下，省级教育行政部门为师范生落实教学岗位，师范生毕业后必须到中小学任教，每个到中小学任教的师范生都有编、有岗。师范生在该办法规定的期限内可以在学校之间流动，并有机会在教育管理岗位上工作；该办法为师范生继续深造提供良好条件，规定经考核符合要求的师范生可以被录取为教育硕士研究生，并可以在职学习专业课程。

为贯彻落实习近平总书记关于教师队伍建设的重要讲话精神，特别是在2022年教师节给北京师范大学"优师计划"师范生的回信精神，2022年9月，《教育部办公厅关于进一步做好"优师计划"师范生培养工作的通知》正式印发，明确要切实做好"优师计划"师范生培养工作，为国家和人民最需要的地方造就一批"四有"好老师。

（二）培养策略

1. 完善课程理论体系，夯实师范生的专业知识

目前，我国不少师范类院校的学科专业课程教学效果并不理想：在教学内容上更注重知识的系统性和完整性，缺乏与基础教育的衔接，在课程内容上师范性特色不强，不具有个性鲜明的专业知识体系；在考试方向上与师范生培养目标关系不大，容易忽视与教师职业相关的知识与能力。

根据师范生人才培养目标，师范类院校应重视学科教学，以突出教师职业特点为标准，真正将课程内容与基础教育课程内容紧密联系，提升教师对其所从事的教学活动的钻研和思考能力，将学过的知识内化为自己的认知，为增强职业能力打下扎实的专业基础。

2. 构建真实教学情境，增强师范生的教学技能

教学技能是师范生成为优秀教师的核心素质之一。在师范生的教学技能

培养体系中，实践是最后也是最重要的环节。一直以来，由于培训经费和培训计划方面的问题，师范生的教学技能培训主要通过微格教学与教学实习和见习的模式进行。这种"站在岸上学游泳"的培养模式使大多数师范生在毕业时还没做好当教师的充分准备。

因此，在模拟真实课堂的基础上，以情境模拟、角色模拟和教学模拟为抓手，构建模拟课堂教学情境，成为师范生教学技能训练的新路径。师范类院校应加强学校指导教师队伍建设，加强与地方中小学实践基地的合作，针对师范生形成更优质、更仿真、更个性化的教学技能培养模式。

3. 拓宽实习实践途径，锻炼专业应用能力

教育实习是师范生获得实践教学经验的重要途径。目前，各师范类院校都意识到参与实践的重要性，积极开展不同形式的实习实践，主要有实习支教（顶岗实习）、见习观摩和研究性学习。其中，实习支教是目前师范类院校开展最为广泛、研究最为全面的实践形式，见习观摩和研究性学习则作为实习支教的有效补充。《教育部关于大力推进师范生实习支教工作的意见》中指出："师范生教育实习是中小学教师培养不可或缺的重要环节，开展师范生实习支教工作是推动教师教育改革，强化师范生实践教学，提高教师培养质量的有效措施。"实习支教是指师范生在系统地学习了课程理论知识后，在真实的课堂教学情境中进行应用和检验的过程。它以强化师范生的教学技能为主体，以促进学生的学习和成长为核心，以服务农村基础教育为己任，加强对实践教学环节的指导和管理，提高师范生的综合素质和教学技能。

无论是哪种实习实践方式，其实质都是将师范生安排到中小学进行实际教学训练，让他们将专业知识转化为教学实践，提高他们的专业技能，使他们真正成为社会所需要的教师。

二、师范生培养的关注重点

百年大计，教育为本；教育大计，教师为本。为加快建设教育强国，建成社会主义现代化强国，实现中华民族伟大复兴，我国对优秀人才的需要十分迫切，可见培养高素质教师队伍已是我国教育事业高质量发展的紧迫任务。

（一）提高师范生主体意识

师范生主体意识的提高是师范生培养的核心。它主要体现为教师自觉、主动的积极状态，而不是被动、盲目服从和等待的消极状态。例如，有较稳定的职业定位和积极的工作态度，正确对待逆境和挫折，注重提高自身素质和完善主体人格，等等。师范生培养能够引导师范生把自己当作一个生命主体，理解教师职业的本质是促人向善、促人成长，最终唤醒他们的生命主体意识，提高他们对教师职业的认同感，从而保证他们未来的教学质量真实具体、可感可知。

（二）提高师范生育人意识

师范生育人意识的提高是师范生培养的重要组成部分。教师的一言一行都会对学生产生潜移默化的影响。青少年学生具有很强的模仿性、可塑性，所以作为教师，更应该严格要求自己，在道德修养、行为习惯、学术精神、行为方式等方面成为学生的榜样。如此，教师对学生的说服教育作用会加强，学生更愿意接受和服从教师，就能收到"其身正，不令而行"的良好效果。同时教师要有良好的政治素质、强烈的责任感、正确的教育观念和良好的职业道德，特别要注意加强劳动教育对学科整体教育的作用，使学生树立正确的劳动观念和劳动态度，掌握基本的劳动技能和劳动方法，养成良好的劳动习惯和爱劳动、爱人民的品质。

教书育人是一项非常复杂和困难的任务，同时也是一个微妙而细致的过程，充满了各种矛盾。学生往往把教师想象成无所不知的人，经常向教师提出各种问题。因此，教师必须具备丰富的专业知识和较高的文化素养，才能满足学生的求知欲。教师的知识越丰富、越深入，融会贯通的能力就越强，其教育教学质量就越高。教师要在"学而不厌"的基础上，乐于对学生循循善诱，耐心细致地引导学生，使学生在思想、学业、健康等方面都得到发展。

"师爱"是教育素养的实质，是教育艺术的基础。教师只有热爱学生，尊重学生，建构师生感情达成共鸣的课堂，才能调动学生学习的积极性，达到教育和引导的目的。作为一名教师，还必须处理好"爱"与"严"的关系。"爱"不等于溺爱与放纵；"严"也不是一味地限制与约束。要严格管理和教育学生，从培养目标出发，对每一名学生的思想培养、科学文化知识的学习，都要严格。同时要给予学生充分的信任，在学生犯错时，要给他们改正错误的机会，及时纠正，及时反馈，共同努力，以赢得学生的尊重和爱戴，促进学生全面健康成长。

（三）提高师范生科研意识

师范生科研意识的提高是师范生培养的突破点。教师不仅是知识的传授者和学生成长的引导者，还应该成为一个用心教育教学、尽心探索的研究者，进而成为本学科教学的专家。培养科研兴趣，养成问题意识和成果意识，既能促进教学质量的提高，又能提高教师自身的素质。这就要求教育工作者具备开发课程的能力，这也是师范生培养的隐性要求，此外，还应具备发展意识、创新意识、管理意识等教师职业意识。

劳动教育课程的解读、教学、实践应适当引入师范生培养中，不仅是为了师范生以劳动教育为切入点的自身发展，也是为今后多元化的劳动教育课程建设提供预备人才。注重师范生严格、系统的培训，切实提高师范生科研意识，营造良好的科研氛围，相信劳动教育课程体系与质量会得到较大的改善和提高。

 三、师范生培养的发展趋势

师范生是职前的和未来的教师。在"教师教育振兴"[①]和"双减"[②]双重政策的叠加影响下，究竟该如何提升师范生的职业素养，以满足教育高质量发展对教师队伍的新要求，已经成为师范教育工作者必须回应的问题。

（一）适当调整课程设置，对标培养师范生能力、素养

课程学习是师范类院校培养师范生的主要途径。基于提升专业能力需求，应从以下几个方面适当调整师范专业课程结构。

1.优化通识课程

师范生的专业素养包括很强的综合素质、沟通和表达能力及跨学科素养，而这些在专业课程和师范教育课程中很难体现出来。正确认识通识教育在教师培训计划中的重要性，强调通识教育课程是培养教师具备全面且专业的知识的主要途径，是当前教师培训课程改革的重要内容。

2.精练专业课程

一般来说，师范专业的课程结构主要是以某一学科的知识体系为基础设置的，以传授专业知识和理论知识为主的学科课程是整个课程体系的核心和主体。近年来，各师范类院校普遍尝试改革师范专业的课程结构，将其分为大类和专业课程，在强调专业教育深度的同时，努力帮助学生打好专业基础。然而，需要仔细考虑的是，师范生对专业知识的学习应该体现在学科知识的

---

① 教育部等五部门：《教育部等五部门关于印发〈教师教育振兴行动计划（2018—2022年）〉的通知》，http://www.moe.gov.cn/srcsite/A10/s7034/201803/t20180323_331063.html，2018-02-11。

② 中共中央办公厅、国务院办公厅：《关于进一步减轻义务教育阶段学生作业负担和校外培训负担的意见》，http://www.moe.gov.cn/jyb_xwfb/gzdt_gzdt/s5987/202107/t20210724_546566.html，2021-07-24。

获得上，还应该体现在教书育人的能力提升上。从这个意义上说，对专业和专科的适当细化反映了师范类院校对师范生职业特点和培训重点的深度理解，同时也为提升师范生的能力和素质腾出了有限的课程空间。

3. 加强师范课程

无论是师范类院校还是综合性大学，师范性无疑是其本质特征。对师范生的培养，是为了让他们做好教师职业准备工作，这种职业准备不仅包括上好课的知识和能力，还包括驾驭课堂的知识和能力，更包括处理家校关系的知识和能力。它们涉及教育教学活动中的多个主体和多种关系，涉及教育教学的多种方式和手段，也从根本上影响着教育教学的实际效果。因此，有必要增加师范教育课程总量，细化课程内容，改进教学方法，并且除了让师范生掌握教学的知识与技能之外，还应该使其具备信息技术能力和家校沟通能力等多方面的教师能力。

（二）协同建设实习基地，实地加强师范生能力、素养

广义的实习包括教育见习、教育实训、教育实习、教育考察和教育调查等环节。其中，教育实习往往是师范生实习中持续时间最长、效果最明显的关键实战环节。改革开放以来，我国师范生的教育实习改革基本围绕"共建实习基地、调整实习时间和提高实习质量"展开，共建实习基地则是其中关键的环节。

1. 加强学校统筹，实现资源共享

目前，师范类院校的下属院系负责各自师范专业学生的教育实习工作，部分院系由于只有一两个班，实习方式单一，缺乏专业带队教师，无法达到教育实习的预期效果，这种现象在综合性大学的师范专业中更为普遍。通过加强学校统筹，可以最大限度地整合实习基地的资源，建立健全教育实习制度，相对统一教育实习的组织规范和过程管理，提高师范生实习的实际效果。

2. 落实"双导师制",实施有效指导

为了培养师范生的教育教学实践能力,必须有效利用教育实习,在真实的教育教学状态下进行实践。只有这样,师范生才能直面教育教学现场,验证教育教学理论,熟悉教育教学过程,锻炼课堂教学能力。要实现上述目标,不仅需要师范类院校安排责任心强、教学经验丰富、熟悉教育教学实践的专业教师进行理论指导,而且需要大量优秀的一线教师在教育实践过程中对师范生进行实践指导。通过建设教育实习基地,可以为师范生提供难得的教育教学实践机会,也可以为师范生提供"双导师"支持,从而提高师范生教育实践的针对性和有效性。

3. 协同建设基地,形成长效机制

2018 年 1 月,《中共中央 国务院关于全面深化新时代教师队伍建设改革的意见》明确要求推进地方政府、高等学校和中小学"三位一体"协同育人。为此,地方教育行政部门要结合本地区师范生的规模结构和服务特色,与开展师范教育的院校共同建设长期、稳定、多样的教育实习基地;而中小学要把接受师范生的教育实习作为应尽的义务和重要责任。[①]从师范类院校自身来说,要主动对接地方教育行政部门,积极争取一线中小学的支持,为师范生教育实习创造良好的条件。在布局教育实习基地时,师范类院校要充分考虑区域、城乡、类型和学段等因素,为师范生提供丰富多样的学习和锻炼机会。

(三)加强专业师资建设,助力提升师范生能力、素养

当前学科教学法的改革严重滞后,这与整个学科教学法师资队伍的基本素养较低和学科自身发展薄弱有很大关系。教师的专业发展是教师"专业化"

---

① 教育部:《教育部关于加强师范生教育实践的意见》,http://www.moe.gov.cn/srcsite/A10/s7011/201604/t20160407_237042.html,2016−03−17。

的内在要求，是合理构建"理想的我"、合理定位"现实的我"，建立师范生教师群体自信的必然要求，而这一过程需要由专业教师不断指导和帮助。因此加强专业师资力量，建设一支规范化、科学化、专业化的师资队伍对于师范生培养具有重要意义，这一做法是关注问题从表层转向深层的体现。

第三章

劳动教育的理论支撑

扎实推进劳动教育落地见效，离不开科学理论的正确指导。马克思主义、列宁主义与马克思主义中国化理论成果，中华传统文化，西方经典理论及教育名家的劳动教育思想，均可为劳动教育在实际落实时提供理论参考，从而保证新时代劳动教育不跑偏、不走样。

55

第一节　马克思主义、列宁主义中的劳动教育思想

马克思主义、列宁主义对教育与生产劳动相结合、在生产实践中不断加强劳动教育做过许多阐述，为新时代加强劳动教育奠定了坚实的理论基础。

一、马克思主义中的劳动教育思想

马克思始终坚持教育与生产劳动相结合和双向互动，坚持把人类生存发展的需要作为思想的本源依据，构建起完整的劳动教育思想体系。

（一）教育与生产劳动相结合

1.本源依据

从马克思主义的角度来看，教育是人类社会发展到一定阶段的产物。教育既表现出上层建筑的属性，也有为生产力服务的功能，但教育不局限于这两者。

在马克思看来，只有找到教育最深的源头，才能正确认识和理解教育的问题。从这个观点出发，马克思将人类生存发展的需要定义为教育存在的本源依据，并认为人类的生存模式是教育的原始基础，人类现实的实践活动是教育的实际状态。马克思所关注的劳动教育涉及通常意义上的个体成长过程，即由儿童到成年的转变过程。马克思偏向于研究资本主义制度下，那些直接

从事物质生产活动的广大工人阶级及其子女的身心发展状况，从而揭示资本主义教育对工人阶级及其后代的身心健康的种种摧残和压迫。

2. 概念内涵

在马克思主义产生之前，空想社会主义思想家欧文以资本主义教育导致工人劳动不平等为切入点，发现工业革命可以作为验证生产劳动与教育相结合的可行性的现实契机。欧文还提出，人可以通过全面的实践活动实现全面发展，在综合的实践劳动中必须有智力干预，不能依靠纯粹的自由劳动。马克思高度赞赏欧文的想法，认为工厂制度确实催生了未来教育的萌芽形式，即生产劳动与智力、体育和技术教育结合。由此可见，教育作为人类的实践活动，从本质上反映了人类的生存方式，教育的合法性是建立在能够满足人们现实生活需要的基础上的。因此，马克思将教育的基本内容概括为智育、体育以及技术教育等，在教育过程中最重要的是使儿童和青年了解生产各个过程的基本原理，在理论的基础上去实践，从而获得适用于各种生产的最简单的工具和技能。这里所强调的教育应是一种现实的教育实践活动，是关于生产的生存技能教育，而非资产阶级所倡导的虚假的理性教育和宗教教育。

3. 本质特征

马克思对劳动的概念内涵不仅认知明确，还揭示了劳动作为人类的一种特有活动，具有区别于其他物种活动的本质性特征，同时指出劳动也是人类创造物质财富和精神文明的根源性途径。马克思不仅将劳动作为人类的本质加以强调，还将它进一步提升到整个存在论的层面来加以阐释，明确劳动的本质具有历史性和实践性。马克思指出，在前资本主义时期，劳动等同于生产劳动，但资本主义社会将生产劳动的概念缩小到了资本的范畴，认为只有创造出剩余价值的劳动才被视作生产劳动，从而导致生产劳动的概念、含义与劳动的本质相分离。

（二）教育为获得生存方式创造条件

1. 生存方式

马克思在《资本论》中曾将一切围绕着商品生产所进行的体力或非体力劳动等都归纳进生产劳动的范畴。这里对生产劳动的理解不是从工具性的角度来阐释，也不是将其作为具体的劳动环节或其他具体的感性活动形式，如体力性抑或是公益性、服务性的活动等。劳动更应是从普遍性意义的角度加以认识的一个抽象概念，是超越了人的智力或体力的活动，是人类生存方式的最基础样式。劳动作为人类与世界联系的中介因素，实现了人类的主观世界与外在客观世界的统一。在劳动的过程中，人们建构起错综复杂的社会关系网。马克思所提出的生存方式实际上是一个集人们的生产方式、生活方式、发展方式于一体的复合性概念。马克思的劳动教育思想就是将教育置于人类的本质和生存方式的角度来探讨。在此过程中存在的劳动形式、组织和交往形式等构成了人类实践活动的现实性条件。因此，马克思得出了人类所处的客观世界只有借助于人的劳动实践才能够建立起对象性关系的结论。从这方面来看，劳动不仅属于人类学范畴，也是理解人类生存机制的关键所在。

2. 教育价值

在创造性生产劳动中，人类实现了由适应性向超越性的迈步，能够自主地按照内在的尺度去把握和改造现实世界。教育作为一种体现人的自觉本性的创造活动，随着人类实践的不断发展而趋于完善。我们一方面强调教育对创造新生活的价值意义，另一方面也将其视为不断发展的现实的实践活动。现今，劳动教育被认为是一个集劳动技能的教授和思想品德的培育于一体的延伸性概念。从具体的内容来看，它包括了具体的生产技术劳动、社会公益劳动、社会服务等不同形式的实践活动；从思想方面来看，劳动教育指通过劳动实践活动使劳动者具备相应的劳动观念、劳动态度和劳动意识，使人们意识到劳动教育的迫切性和必要性，从而树立勤劳勇敢的责任意识和良好的工作作风。正是借助劳动教育这种活动，人类完成了一系列的"自我形式"改革，明确了自身潜在的主体意识和创新能力。所以说，劳动教育实际上满足了现代社会教育发展对人的基础性要求。

（三）教育追求实现人的自由而全面的发展

1. 教育追求的出发点

（1）社会存在

按照马克思的观点，现存的一切剥削和压迫都来源于不发达的生产力，社会一直在对立斗争的范围内发展。资本主义社会的旧式分工使人变成片面的人，且私有制的生产关系不可避免地发展为阶级剥削的关系并确定下来。但马克思也指出，分工最重要的影响是使劳动丧失专业性，"当一切专门发展一旦停止，个人对普遍性的要求以及全面发展的趋势就开始显露出来"[①]。

（2）社会意识

马克思始终将人作为谈论历史和现实的出发点，认为人既是历史的"剧中人"又是"剧作者"，并从人与社会的关系角度入手来加以分析。他坚持人的解放是在现实的世界中并使用现实的手段才能实现的。所以，解放是一种现实活动而非意念活动，社会发展和人类进步的必然趋势是每个生存于其中的人得到自由而全面的发展。但在马克思看来，人的全面发展不是抽象化的概念，而是具体的要求，是个性与共性的统一。

2. 教育追求的落脚点

（1）客观规律性

首先，大工业的发展在本质上是流动的，不断以其革命性的技术基础消

---

① 中共中央马克思恩格斯列宁斯大林著作编译局：《马克思恩格斯选集（第一卷）》，北京：人民出版社，2012年版，第249页。

除旧的分工。其次，大工业承认劳动变换性的立足点就是使得工人在尽可能多方面的发展成为社会生产力的一种现实的客观规律。最后也是最为关键的，它要求劳动者的职能和结合方式都要随着生产技术基础的改革而变革。正是建立在大工业所创造的生产力的基础上，人们才可能完成劳动的无例外的分配及实现劳动时间的绝对缩短，人们才能获得发展的主动性和可能性。可见，新的力量是劳动阶级创造的，这种新的力量所创造的强大的生产力又是改造社会的基础。

分工导致的片面的劳动力发展不是资本家导致的，而是通过劳动者本身实现的自我发展。随着社会生产力的发展和国民教育的不断普及，劳动力不断贬值，单个工人劳动的价值随着社会劳动能力的提高而降低的情况愈加明显。

（2）主观能动性

马克思认为，通过现实的生产教育和劳动教育及不断变化的工作类型的实践锻炼活动，可以有效地消除旧的分工方式和各种对立，人们可以分享集体创造的福利。只有全面发展的个人才能掌握现有的互动方式和生产力，并将它们转化为自己的自由活动。由此可见，要把工农业生产提高到相应的水平，除了依靠机械等辅助工具和手段外，还需要培养使用这些工具和手段的人。资本主义社会的生产者都服从于一定的生产部门或阶级，受到实际生产的约束和制约。要想提升社会生产的整体高度，发展共同经营的方式和模式，就需要一大批通晓整个生产系统和流程的社会新人。马克思也认为："教育将使年轻人能够很快熟悉整个生产系统，将使他们能够根据社会需要或者他们自己的爱好，轮流从一个生产部门转到另一个生产部门。因此，教育将使他们摆脱现在这种分工给每个人造成的片面性。"[1] 所以说，劳动教育关乎

---

[1] 中共中央马克思恩格斯列宁斯大林著作编译局：《马克思恩格斯选集（第一卷）》，北京：人民出版社，2012 年版，第 308 页。

每个人才能的发挥，关乎人现实的技艺和能力培养，也是造就各方面都有能力的新人的途径和方法。

二、列宁主义中的劳动教育思想

在马克思论述的基础上，列宁依据新的历史阶段，基于"教育与生产劳动相结合"提出了更明确的劳动教育观点——科学的劳动观和劳动教育思想，这也是列宁主义体系的重要组成部分。

（一）补充阐述"教育与生产劳动相结合"

1. 理论提出

在马克思论述的基础上，列宁在新的历史阶段，基于"教育与生产劳动相结合"做出了更加明确的强调："没有年轻一代的教育和生产劳动的结合，未来社会的理想是不能想象的：无论是脱离生产劳动的教学和教育，或是没有同时进行教学和教育的生产劳动，都不能达到现代技术水平和科学知识现状所要求的高度。"[①]

2. 特征分类

总结马克思、列宁的论述不难发现，马克思主义关于"教育与生产劳动相结合"的最初论述，有如下几个特征。

（1）以工业与科技的发展为基础

马克思和列宁所说的"教育与生产劳动相结合"，是以大工业和现代科学技术为基础的。马克思主义学说的一个重要特点，就是把生产力看作一切社会变革的物质基础和根本动力。因此，在发展大工业和现代科学技术的基础上分析"教育与生产劳动相结合"，始终是马克思主义和列宁主义有关论

---

① ［苏］列宁：《列宁全集（第二卷）》，北京：人民出版社，2013 年第 2 版，第 463—464 页。

述的基本逻辑。

一方面，从蒸汽时代到电气化时代，工人阶级职业转换的速度和可能性提升了。"承认劳动的变换，从而承认工人尽可能多方面的发展是社会生产的普遍规律"[①]，因此必须"造就全面发展的人"。而"教育与生产劳动相结合"当然就成为造就全面发展的人的"唯一方法"。另一方面，大工业与现代科学技术在生产中的应用是一体两面的。由于现代科学技术的应用，现代生产在实现白领工人与蓝领工人的分工所代表的脑力劳动与体力劳动第二次分离的同时要求体力与脑力的结合，即"教育与生产劳动相结合"，以培养适应大工业生产的全面发展的人。

（2）随时间变化呈现阶段性发展的特点

马克思、列宁所谈的"教育与生产劳动相结合"，是不同历史时期得出的具有不同阶段特色的结论。在大工业开始不久，马克思所谈的"教育与生产劳动相结合"的重要形式之一就是"生产劳动同智育和体育相结合""工人的子女受到一些有关工艺和各种生产工具的实际操作的教育"[②]等等。马克思甚至有并不赞成废除童工等激进主张，反而认为当时的工厂法"把初等教育同工厂劳动结合起来"（即一定年龄的童工参加适当的生产劳动的同时，保障其接受一定时间的学校教育），是"从资本那里争取来的最初的微小让步"[③]。当然，正如马克思考虑到的，工厂制度只是"萌发出了未来教育的幼芽"[④]，而"工人阶级在不可避免地夺取政权之后，将使理论的和实践的

---

① 中共中央马克思恩格斯列宁斯大林著作编译局：《马克思恩格斯全集（第二十三卷）》，北京：人民出版社，1972 年版，第 534 页。
② 中共中央马克思恩格斯列宁斯大林著作编译局：《马克思恩格斯全集（第二十三卷）》，北京：人民出版社，1972 年版，第 535 页。
③ 中共中央马克思恩格斯列宁斯大林著作编译局：《马克思恩格斯全集（第二十三卷）》，北京：人民出版社，1972 年版，第 535 页。
④ 中共中央马克思恩格斯列宁斯大林著作编译局：《马克思恩格斯全集（第二十三卷）》，北京：人民出版社，1972 年版，第 530 页。

工艺教育在工人学校中占据应有的位置"①。十月革命之后，列宁等人才得以在苏联更为自觉、全面地实施教育与生产劳动相结合的教育方针，因为他们认为没有年轻一代的教育和生产劳动的结合，未来社会的理想是不能想象的。

（3）指向现代教育的基本原则

马克思、列宁所说的"教育与生产劳动相结合"，是现代教育的基本原则。由于在资本主义工业化时代就开始了现代科学技术在生产中的大规模应用，"教育与生产劳动相结合"在资本主义工业化阶段就已经是一个社会和教育事实，这种结合也将随着现代生产力的发展在发达资本主义国家不断强化。因此，与其说"教育与生产劳动相结合"是社会主义教育的特征，不如说是现代教育的一个特点，社会主义教育的实践只是更加自觉与全面地强调和贯彻现代教育的这一重要原则。

（二）开展"星期六义务劳动"

1. 形成自觉劳动的意识

在阶级社会，教育具有阶级性。社会主义社会的劳动教育与资本主义社会的不同，它是为无产阶级和劳动人民服务的。十月革命后出现的"无产阶级文化派"，他们主张实行无产阶级文化"自治"，在组织上将教育与文化机构相分离。站在"独立"和"自治"的立场上，无产阶级文化协会的第一任主席列别杰夫在《无产阶级文化》创刊号的一篇纲领性文章中提出，无产阶级文化只有在无产阶级不受任何法律约束，在充分主动的条件下才能发展。列宁对这种资产阶级教育思想进行了批判。列宁指出，无产阶级文化派表面上声称否定一切，实际上却膜拜甚至效仿资产阶级文化。社会主义劳动教育

---

① 中共中央马克思恩格斯列宁斯大林著作编译局：《马克思恩格斯全集（第二十三卷）》，北京：人民出版社，1972 年版，第 535 页。

不能脱离政治，必须坚持正确的政治方向，真正反映无产阶级的利益和观点。因此，坚持马克思主义劳动观，同旧习气、懒散、无秩序等现象做斗争，使劳动者形成自觉的劳动纪律和共产主义的劳动态度。

2. 成立统一的劳动学校

苏维埃政权建立以后，为了改变旧学校仅仅为资产阶级服务，改变"把教育与伪教育、与有害的课程混合在一起"的教育状况，列宁在当时的苏联教育人民委员卢那察尔斯基提交的《第七届全俄中央执行委员会第三次会议上的报告》中做了重要的批示。列宁强调"禁止和废除有害的东西"和"统一学校"的原则，改变带有资产阶级精神的老学校，并提出一系列学校改革的措施，如废除对古代语言和宗教的教学，废除旧纪律，实行男女同校等。列宁指出，建立统一的劳动学校，并不是要把学校变成"劳动学校"，更不是要让原本不喜欢从事体力劳动的中学生扛柴火，而是要改变死记硬背、啃书的教学方式，让学生在参与劳动的同时主动查找和掌握资料，并了解他们在劳动中学到的课程内容。因此，列宁提出，要通过劳动掌握知识，不仅要掌握书本上的知识，更要掌握劳动本身的知识，而且要掌握多方面的知识，即能够将劳动与劳动所依赖的一切科学联系起来的知识，能够将劳动与整个世界联系起来的知识，能够将知识的获取、对科学技术的学习与参与生产实践联系起来的知识。

3. 发挥工、团作用

工会是把工人教育成有阶级觉悟的社会主义者的重要组织，列宁始终重视发挥工会对工人群众的劳动教育作用。十月革命前，列宁要求广大党员深入工会，利用工会组织团结和教育广大工人阶级，使其掌握马克思主义革命理论，激发其斗争精神，形成工人阶级组织的"堡垒"。十月革命后，列宁提出要将工会的工作任务转移到建设社会主义上来。同时他指出，在苏维埃俄国建设过程中，工会要不断加强对工人的劳动教育，增强工人的主人翁意识，培养其自觉主动的劳动精神。工会作为劳动教育的重要组织者，应当向职工推广生产劳动和组织管理的实践经验。

青年肩负着建设共产主义社会的任务。共青团要组织和引导广大青年自觉学习马克思主义，使他们懂得共产主义。因此，列宁指出，学习共产主义，要避免书本知识与生活实践脱节，要发挥共青团在劳动教育中的作用，把青少年劳动教育与书本知识学习结合起来。列宁强调，没有劳动实践，从共产主义小册子中获得的关于共产主义的书本知识便是"毫无价值的"。共青团肩负着帮助党教育全体劳动青年的责任，因此他们不仅要学习文化知识，还要参加生产和劳动的实践，特别是全国各地电气化的劳动实践，学习如何在技术上将电力技术应用于工农业，应用于工农业的各个部门。否则，共产主义只是一个愿望。因此，共青团要承担起对青少年进行劳动教育的任务，通过劳动教育使他们热爱劳动、热爱劳动人民，形成正确的劳动观念和纪律观念。

4. 发挥教育作用

1919 年 5 月 10 日，星期六，莫斯科—喀山铁路分局的共产党员和劳动群众进行了 6 小时无报酬的抢修机车的体力劳动。在这之后，义务劳动很快在全国开展起来。列宁指出，"共产主义星期六义务劳动"是在俄共（布）领导下俄国工人阶级的伟大创造，为广泛开展劳动教育提供了有效的方式。它既是人们自愿的、不讲报酬条件的、无定额的劳动，又是"按照为公共利益劳动的习惯、按照必须为公共利益劳动的自觉要求（这已成为习惯）来进行的劳动"[1]。它教育人们形成自觉的劳动纪律，为全社会劳动，发扬劳动实践中的首创精神，想方设法提高劳动生产率。"模范的生产，模范的共产

---

[1] 中共中央马克思恩格斯列宁斯大林著作编译局：《列宁选集（第四卷）》，北京：人民出版社，2012 年第 3 版，第 130 页。

主义星期六义务劳动"教育人们形成认真负责的劳动态度，为社会、为全体劳动群众无偿地、模范地劳动，真正地按共产主义精神办事，用革命精神指导工作。

（三）实施综合技术教育

1.整体思想

列宁继承了马克思关于综合技术教育的思想，并针对俄国十月革命和建设的实际，制订了实施综合技术教育的原则和方法，从而丰富和发展了马克思主义的综合技术教育思想。列宁认为，不论在普通学校，还是在职业技术学校，都应该使教育和生产劳动相结合并实施综合技术教育，从而使年轻一代成为理论上和实践上都能够适应社会主义大生产和社会生活发展需要的全面发展的人。列宁关于综合技术教育的思想十分丰富。列宁在《修改党纲的草案》（1917 年）、《俄共（布）党纲草案》（1919 年）、《论综合技术教育》（1920 年）、《中央委员会给教育人民委员部党员工作者的指示》（1921 年）等文章中，都论及了综合技术教育。

列宁在《青年团的任务》里说："必须善于吸取人类的全部知识，并要使你们学到的共产主义不是生吞活剥的东西，而是经过你们深思熟虑的东西，是从现代教育观点上看来必然的结论。"[①]列宁在这里所说的现代教育，是指反对传统的"死读书、实行强迫纪律、死记硬背"的教育，主张用基本事实的知识来发展和增进每个学习者的思考力、把学到的知识融会贯通的教育。"每个青年必须懂得，只有受了现代教育，他才能建立共产主义社会，如果不受这种教育，共产主义仍然不过是一种愿望而已。"[②]而这种现代教育，

[①] 中共中央马克思恩格斯列宁斯大林著作编译局：《列宁选集（第四卷）》，北京：人民出版社，2012 年第 3 版，第 286 页。
[②] 中共中央马克思恩格斯列宁斯大林著作编译局：《列宁选集（第四卷）》，北京：人民出版社，2012 年第 3 版，第 287 页。

无疑包括综合技术教育。因为综合技术既是最基本的、融会贯通的知识，又不是死读书、死记硬背的知识。

2. 具体方面

（1）处理职业教育和综合技术教育问题

列宁把综合技术教育放到人全面发展的条件、社会主义和共产主义实现的条件的高度来看待。列宁的《论综合技术教育》就是针对当时苏维埃政权教育界，特别是教育人民委员部的某些领导，存在着忽视综合技术教育和普通教育、用单一技术教育即职业教育来代替综合技术教育、使学生过早专业化的错误倾向而写的。列宁反对过早的专业化教育，强调不应混淆综合技术教育和职业教育的概念。教师展开综合技术教育所要熟悉的生产知识，所要掌握的生产技能，是现代大工业生产所要求的基本知识与技能，不是手工业生产的知识和技能，也不是专业的知识和技能。

1920 年，内战结束后，新苏维埃政权面临的紧迫任务是利用现代科学的最新成果，迅速恢复和发展工农业生产。为此，列宁发起了全俄电气化计划，并提出引入工人技术教育和展开普通教育改革。根据《俄共（布）党纲草案》，当时应向 16 岁以下的儿童提供全面的技术教育。但是，由于战争破坏了生产，需要大量的工程技术人员和技术工人来修复战争创伤，恢复和发展生产，教育部门必须迅速培养大量技术工人从事生产。如果机械地贯彻党纲中关于全面技术教育的规定，直到新生代年满 17 岁才开展职业教育，就难以适应形势发展的要求，何况当时全面技术教育的条件也不充分。

（2）处理普通教育和综合技术教育问题

由此，改革中等学校的问题被提了出来。在讨论中学结构改革时，俄国教育界出现了两派意见。以教育人民委员部领导为代表的一派认为，应该坚决按照党纲的要求，在中学实施普通教育和综合技术教育；另一派则认为这一要求应该加以改变。乌克兰教育人民委员格林柯认为，15岁以后，人们应该开始在某个生产部门或者有组织的团体中进行专门训练，应该以中等技术学校代替普通中学。俄罗斯邦教育人民委员部职业技术教育总局副局长施米特一方面支持格林柯的主张，认为应从15岁起接受职业教育，另一方面认为普通中学应该是实施普通教育的学校，但是每所学校应当对某种专业知识有所侧重，让学生毕业后在原有专业知识的基础上，经过半年的短期训练，就可以成为具有某种熟练技术的工人。

以教育人民委员部领导为代表的这一派的后两种观点受到了列宁的批评。他明确指出，即使为了国家恢复和发展国民经济的需要，将第二级学校高年级学生培养成精通本行业务、受过实际训练的细木工、粗木工、钳工等"手艺匠"，也必须使这些"手艺匠"具有最基本的普通知识和综合技术知识，还"应该成为共产主义者"。

列宁把综合技术教育提到原则的高度，多次把它列入党纲和作为党必须执行的任务。1917年列宁在《修改党纲的草案》里提出了展开综合技术教育的要求，强调教学工作和生产劳动密切结合，并使学生在理论上和实践上熟悉一切主要生产部门。1919年3月俄共（布）第八次代表大会通过的《俄共（布）党纲草案》已把列宁对综合技术教育的主张确定下来，其中规定"对17岁以下的全体男女儿童，实施免费的和义务的普通教育和综合技术教育，即从理论上和实践上了解一切主要的生产部门"，还规定"对17岁以上的人广泛开展同普通综合技术知识有联系的职业教育"[①]。

全俄电气化计划通过以后，列宁立即向学校提出实施综合技术教育的重要任务，要求每一所学校仔细研究国家电气化计划，并且没有例外地付诸实

---

① ［苏］列宁：《列宁全集（第三十六卷）》，北京：人民出版社，2017年第2版，第413页。

施。他还恳切地对青年说："只懂得什么是电气化还不够，还应该懂得怎样在技术上把电气应用到工农业上去，应用到工农业的各个部门中去。"[①]

3. 现实意义

列宁在处理职业教育、普通教育和综合技术教育问题上，既看到了大工业发展趋势和人全面发展的必要性，又注意到了当时苏维埃的实际情况，科学地把方向性和现实性结合起来；既把实施综合技术教育提高到原则的高度和党必须绝对执行的任务的高度，又从实际出发科学地解决了实施的途径和方法问题。

列宁从实际出发，研究和解决了实施综合技术教育的问题。在《论综合技术教育》中，列宁指出："决不能这样来谈综合技术教育：从抽象的观念出发，针对遥远的未来，而不考虑当前的、迫切的、糟糕的现实情况。"当时，苏维埃国家的经济遭到国内战争和帝国主义武装干涉的严重破坏，刚刚开始整顿。在1920年底召开的关于国民教育问题的会议上，通过了关于修改学制的决议，把1918年起实行的分为五年和四年两级的九年制学校改为四年加三年的七年制学校，并在此基础上设立学制为三到四年的中等技术学校和职业学校。列宁一再指出，降低实施普通教育和综合技术教育的年限，不是出于其他原因，"完全是由协约国强加于我国的战争所造成的贫困和破产引起的一种暂时的实际需要"[②]。尽管苏维埃共和国的经济情况极其困难，列宁仍强调必须实施综合技术教育。但综合技术教育不能从抽象的概念出发，而必须从当前的现实情况出发，"把立即向综合技术教育，或者确切些说，立即采取许多马上就能做到的走向综合技术教育的步骤，规定为必须绝对执行的

---

① ［苏］列宁：《列宁全集（第三十一卷）》，北京：人民出版社，1958年版，第256页。
② ［苏］列宁：《列宁全集（第三十二卷）》，北京：人民出版社，1958年版，第110页。

任务"①。

根据当时生产发展的情况，列宁认为电气化是恢复和发展国民经济的基础，综合技术的基本知识应是关于电力和国家电气化计划的基本概念，关于机械工业和化学工业中运用电力的基本概念，关于农艺学的某些原理等。列宁指明了综合技术教育的内容涉及电力、机械工业、化学工业和农业这4个部门。这些部门是当时的主要生产部门，因此应该使青少年学生在理论上和实践上熟悉这些生产部门。列宁结合苏维埃经济发展的情况，从实际出发，把电气化作为生产基础，把农业部门列入社会主义生产的主要部门，提出必须在农业科学和现代技术的基础上对农业进行根本改造。

可见，列宁针对当时苏维埃的实际情况，科学地提出了实施综合技术教育的原则、方法和途径，从实践上丰富和发展了马克思主义的综合技术教育思想。

---

① [苏]列宁：《列宁全集（第三十六卷）》，北京：人民出版社，2017年第2版，第229页。

第二节　马克思主义中国化理论成果中的劳动教育思想

近百年来，中国共产党不断推进马克思主义中国化和时代化的进程，不懈探索马克思主义同中国具体实际相结合的宝贵经验。毛泽东思想、中国特色社会主义理论体系、习近平新时代中国特色社会主义思想，是马克思主义中国化的三次飞跃，这些思想为新时代劳动教育提供了科学理论指导。

一、毛泽东思想中的劳动教育思想

以毛泽东同志为核心的党的第一代中央领导集体在革命时期，深知社会的发展依靠劳动人民开展的生产实践活动，审视了旧教育的不足，并结合劳动与教育的特点，提出"教育与生产劳动相结合"这一深刻的思想认识。这一思想以极为深刻的马克思主义理论哲学特质，成为毛泽东思想体系的一个重要组成部分，为现今劳动教育的落地提供了有益的借鉴和启示。

（一）"教育与生产劳动相结合"思想的提出与发展

马克思关于"教育与生产劳动相结合"的思想在《共产党宣言》《资本论》中均有体现，被描述为"生产劳动同智育与体育相结合""是造就全面发展的人的唯一方法"。毛泽东思想继承了马克思主义的观点，将当时最先进的思想融入中国教育，使两者碰撞、融合，并依据我国国情进行调整，力求适应中国教育的发展，将"教育与生产劳动相结合"进一步丰富，创造性地赋予劳动教育基本内涵。在中华人民共和国成立前后的两个时期，在党中央的指导下，中国教育正不断积累理论与实践的经验，探索中国化"教育与生产劳动相结合"的落地之路。

1934 年，毛泽东在苏维埃政权组织地区提出"文化教育为革命战争与阶级斗争服务，在于使教育与劳动联系起来"的口号和"教育与生产劳动相结合"的方针，这促进苏维埃政权组织地区的知识分子和干部进一步将理论与生产劳动结合起来。为实践毛泽东思想、实现马克思所说的"消除脑力劳动和体力劳动之间的对立和差别"创造条件，师范学校、工农学校响应号召，基于知识、劳动和政治思想相结合的原则，倡导劳动教育理念和实践形式，培养了大批战时人才。这一时期的"教育与生产劳动相结合"不仅满足了战时人才的现实需求，还为后续的劳动教育发展提供了前期经验。

1958 年，毛泽东提出了"知识分子劳动化"，鼓励知识青年上山下乡，由城市至农村、东部至西部、内地至边疆等，让知识青年长期与农民生活在一起，体验农村生活。与此同时，还树立了劳动光荣、农民伟大的思想，不仅促进了全国的农村基层大建设、人普及，还解放了大批知识青年的思想，让他们一改以往"轻视农工""学而优则仕"的思想观念。1958 年，毛泽东视察天津大学时指示，"高等学校应抓住三个东西：一是党委领导；二是群众路线；三是把教育和生产劳动结合起来"。1968 年，《红旗》杂志第 3 期发表了上海市的调查报告《从上海机械学院两条路线斗争看理工科大学的教育革命》，毛泽东为它写的编者按中提出："高等及中等学校毕业生早已从事工作及现在正从事工作的人们，要注意对他们进行再教育，使他们与工农结合起来。"这些有关劳动教育的观点涉及校园劳动教育的普及，提倡知识与劳动结合，并用马克思主义的教育原理看待中国教育出现的现实问题。

（二）"教育与生产劳动相结合"的特征

毛泽东继承和发展了马克思"教育与生产劳动相结合"的思想，并在实际运用中显示出两大特征。

1. 为工农服务

在建党初期，党中央积极创办高等教育学校，争取为工人、农民创造学习条件。1950 年 5 月，中央教育部在《当前教育建设的方针》中确定党的教育方针是"为工农服务，为生产建设服务"。据此，陕甘宁边区、晋察冀边区、冀鲁豫边区相继发布促进"教劳结合"的文件，各个地区根据农村和农民生活的特点，编纂农业知识与种植技术的识字读本，将生产劳动与生产文化知识相结合，促进了农民的"教劳结合"，为生产建设服务。此外，中国共产党还创办平民女校、劳动补习学校、工人识字班等，推行"教劳结合"，以更好地进行生产建设和教育普及。这为工人和农民开辟了教育新天地，有力地推动了"教劳结合"的进程。

2. 贯彻教育方针

毛泽东明确指出："我们的教育方针，应该使受教育者在德育、智育、体育几方面都得到发展，成为有社会主义觉悟的有文化的劳动者。"[1] 这鼓励各阶段的师生积极参与生产劳动，不局限于单一的体力劳动，以实现全面发展。党中央多次要求"教育必须与生产劳动相结合"，也提出在学习中开设劳动课程，并付诸实践。毛泽东还指出，教育必须为无产阶级政治服务，必须同生产劳动相结合，劳动人民要知识化，知识分子要劳动化。但由于时代特征，当时的德育更多倾向于思想政治教育，成为阶级斗争的意识形态，这使得"教育与生产劳动相结合"带上了浓厚的政治色彩。

---

[1] 中共中央文献研究室：《毛泽东文集（第七卷）》，北京：人民出版社，1999 年版，第 226 页。

（三）"教育与生产劳动相结合"的核心

"教育与生产劳动相结合"是毛泽东思想的重要组成部分，也是作为培养知识分子成长和社会良性发展的根本途径。毛泽东一贯倡导"教育与生产劳动相结合"要在实践活动中进行，不难看出实践性是"教育与生产劳动相结合"的核心。

实践的主要形式包括改造自然的物质劳动、改进社会关系的社会活动。[①] 毛泽东注重理论联系实践这一教学方法，因为实践可以使教育和生产劳动更好地结合，所以提倡学生在实践中锻炼自我。他在《实践论》中一再强调："人类的生产活动是最基本的实践活动，是决定其他一切活动的东西。人的认识，主要地依赖于物质的生产活动，逐渐地了解自然的现象、自然的物质、自然的规律、人和自然的关系；而且经过生产劳动，也在各种不同程度上逐渐地认识了人和人的一定的相互关系。一切这些知识，离开生产劳动是不能得到的。"[②] 毛泽东遵循马克思主义理念，始终将实践放在宏观大背景下进行审视，并促进教育与生产劳动深度融合，以此来为经济发展服务。1949年，教育部召开了第一次全国教育工作会议，确定了"教育必须为国家建设服务、学校必须为工农开门"的基本方针，进一步推动了教育与生产劳动的融合。

二、邓小平理论中的劳动教育思想

邓小平理论同样包含特征鲜明的劳动思想。以邓小平同志为核心的党的第二代中央领导集体坚持马克思主义劳动观，抓住发展契机，提出了适合中国国情与发展的新观点、新论断和新思想。在社会主义现代化建设的关键时期，邓小平等人根据我国实情和教育现状，在"教育与生产劳动相结合"思

---

① 檀传宝：《劳动教育的概念理解：如何认识劳动教育概念的基本内涵与基本特征》，《中国教育学刊》2019年第2期，第82—84页。
②《毛泽东选集（第一卷）》，北京：人民出版社，1991年版，第282—283页。

想的基础上，深刻认识到了教育事业的发展必须同国民经济发展相适应这一特性，提出培育"四有新人"这一育人思想。邓小平实践育人思想是邓小平理论的重要组成部分，做好实践连接理论的中间环节是邓小平实践育人思想落实的关键一步。

（一）劳动教育思想的继承与发展

邓小平的劳动教育思想依托于毛泽东提出的"教育与生产劳动相结合"思想，并进行了一定程度的创新。中华人民共和国成立前，毛泽东的劳动教育思想主要是为了充分发挥工人阶级和广大劳动群众的革命积极性，鼓励广大人民进行革命，为争取中华民族独立不断奋斗。中华人民共和国成立后，国家富强、人民富裕是新的历史发展要求。

邓小平深知劳动教育在政治、经济、教育方面为培养有文化、有思想的社会主义建设者发挥着重要作用，因此，邓小平十分重视劳动教育，尤其是重视发挥劳动教育在社会主义市场经济建设中的作用。由此，发展生产力、提高人民的生活水平都围绕着劳动教育展开。这便是邓小平劳动教育思想的萌芽，也是基于毛泽东提出的"教育与生产劳动相结合"思想的一个进阶性思想。

党的十一届三中全会的召开确立了改革开放这一历史性战略方针，经济建设成为国家的工作重心。邓小平深刻审视了教育事业和经济发展，辩证地看待两者之间的关系，从国家长远发展的角度出发，做出了教育事业必须与国民经济发展的要求相适应的重要论述。马克思认为："现代教育与教学同现代生产相结合，是提高社会生产的必然途径，同时也是造就全面发展的人的唯一方法和改造社会的根本方法。"[1]因此，实践育人的思想符合人才培养的要求。这一阶段是邓小平劳动教育思想的发展阶段。

---

[1] 刘世峰：《中国劳教结合研究》，北京：教育科学出版社，1996年版，第10页。

1987 年，党的十三大提出我国正处于并将长期处于社会主义初级阶段，同时提出了社会主义初级阶段的主要矛盾。在这一阶段，邓小平等人深刻认识到社会主义的本质特征，明确了社会主义的根本任务，对我国劳动教育思想在经济体制上发挥的作用有了更加系统的、全面的、深刻的指导，这一阶段也是邓小平的劳动教育思想形成一个完整的科学体系的阶段。

（二）劳动教育思想的特征

邓小平的劳动教育思想具有如下 3 方面的特征。

1. 考虑教育和经济发展的关系

高等教育在劳动教育方面更容易与专业实习、实践活动结合。因此，劳动技术教育和社会实践相结合就成为这一时期贯彻"教育与生产劳动相结合"思想的有效途径。"劳动＋技术＋教育"的三维度融合旨在培养学生既有劳动技能又有建设社会主义的本领，让人才激发经济和社会发展的活力。教育事业究其根本，是通过实践这一中介来研究具体问题，如改革与发展的关系、如何为经济建设服务等，体现了邓小平劳动教育思想中的求实精神。

2. 充分考虑人的全面发展

邓小平从劳动角度谈人的发展，提出"四个尊重"，以充分发挥工人阶级和广大劳动者的主力军作用。他还指出，要重视科研工作者和教育工作者，给予脑力劳动与体力劳动一样的重视。另外，他希望广大学子能通过内容丰富、形式多样的实践活动找到自身奋斗的价值。这充分体现了邓小平劳动教育思想中的人本精神。

3. 结合科学大胆多次尝试

邓小平的劳动教育思想从科学试验和科学研究方面丰富了生产劳动的含义，在改革开放的过程中，不断实验、反思、再实验，大胆试、大胆闯，经过劳动，踏出一条适合发展社会主义生产力的道路。同时，邓小平提出的"科学技术是第一生产力"的论断，强调科学技术的发展要抓住时机，紧密结合时代发展。这充分体现了邓小平劳动教育思想中的时代精神。

（三）劳动教育思想的核心

社会要发展，就需要一手抓教育，一手抓经济，两者相辅相成，协调发展。因此，经济基础为教育事业做基石，提供资源；教育事业要反哺经济发展，提供人才。邓小平深刻审视了教育与发展国民经济之间的关系，在1978年《全国教育工作会议上的讲话》中提出"整个教育事业必须同国民经济发展的要求相适应"的论断。实践育人思想是邓小平教育思想的重要组成部分，其中"实践"二字是核心。"实践育人"即为国民经济计划提供人才储备，简单来说，就是"教育培养人才"。培养人才是为了使用人才，以促进社会和生产力的发展。邓小平认为："我们的国民经济是有计划按比例发展的，我们培养训练专门家和劳动后备军，也应该有与之相适应的周密的计划。"[①]这就要求人才培养与社会生产的发展相适应，适应的过程就要通过不断实验、反复检验来生成、调整。否则，学生所学和将来要从事的职业割裂开来，所学非所用，所用非所学，这既浪费教育资源也浪费人才资源，从根本上破坏了教育与生产劳动的平衡。

实践育人的内容必须与生产力发展的要求相吻合，生产力的发展水平决定着实践育人的内容，实践育人的内容也要随着生产力的发展而不断更新，以适应生产力的不断发展。

三、"三个代表"重要思想中的劳动教育思想

20世纪末，经济全球化步伐加快，国家之间的综合国力竞争集中体现在人才的竞争、劳动者素质的竞争和科技的竞争等上。这一时期，"三个代表"

---

① 邓小平：《邓小平文选（第二卷）》，北京：人民出版社，1994年版，第107—108页。

重要思想、"科教兴国"战略，是发展教育事业的思想武器。

（一）素质教育的继承和发展

1999 年，为加快提高劳动者综合素质、改善教育质量，中共中央、国务院出台《关于深化教育改革全面推进素质教育的决定》[①]。该决定强调高等学校要增加社会实践活动，多组织学生参加社会公益、社会服务、职业体验活动，从而加速学生将教育与生产劳动相结合。同时，高校的教育与社会实践相结合可以助力素质教育的推进，其中内含对劳动和劳动价值的认识，将劳动者可能存在的、还未发生的劳动转化为现实的劳动，为我国社会主义现代化建设培养优秀的且全面发展的高素质建设者。

2000 年 2 月，江泽民在《关于教育问题的谈话》中强调，"各级各类学校，都要认真贯彻执行教育为社会主义事业服务、教育与社会实践相结合的教育方针"[②]。劳动在素质教育中的地位得到强调，不仅在于劳动技能和技术的习得，还在于各科课程和社会实践中的劳动元素被挖掘。这一阶段，党中央始终基于"三个代表"重要思想，发展劳动教育以满足先进生产力的发展要求、先进文化的发展要求及人民群众对教育的需求。基于国内现实从国家层面开展学校劳动教育，让学生"会劳动"，让社会"懂劳动"，让国家"爱劳动"，改变社会围绕升学片面追求智育、忽视劳动素质的现象。

2001 年，江泽民在"七一"重要讲话中提出，要不断提高工人、农民、知识分子和其他劳动群众及全体人民的思想道德素质和科学文化素质，要不断提高他们的劳动技能和创造才能，充分发挥他们的积极性、主动性、创造性，始终是我们党代表中国先进生产力发展要求必须履行的第一要务。在"三个代表"重要思想的指引下，学校教育由应试教育向素质教育转变的方针应

---

① 中共中央、国务院《中共中央　国务院关于深化教育改革全面推进素质教育的决定》，《中华人民共和国国务院公报》1999 年第 21 号，第 868—878 页。
② 江泽民：《关于教育问题的谈话》，《人民教育》2000 年第 4 期，第 4 页。

运而生。素质教育强调学生知识、技能、品德、素养的全面结合与提升，其中对"教育与社会实践相结合"思想的着重强调，使得劳动教育成为素质教育取得成效的重要环节。

（二）素质教育的特征

江泽民提出的"三个代表"重要思想中的"素质教育"有如下 3 个特征。

1. 满足先进生产力发展要求

马克思主义认为，人是生产力中最基本、最活跃、最革命的因素，教育是劳动力再生产的手段。在素质教育培养过程中，人的全面发展与知识传播和创新都依赖劳动，但仅仅进行单一的体力劳动的教育已经不能适应先进生产力的发展要求，脑力劳动与体力劳动的教育并行已成为素质教育发展要求，可见劳动已成为教育实施的重要中介。国内生产力的进步依赖于教育事业培养的高素质人才，江泽民在党的十五大报告中强调"要切实把教育摆在优先发展的战略地位"。世界经济迅猛发展，教育是培养人才的孵化器，它的重要性不言而喻，而劳动为素质教育的探索奠定了坚实的基础。

2. 促进先进文化的发展

素质教育是要坚持培养高素质人才，其中包括高新技术的应用人才、传播知识的教育人才等。高素质人才可以让优秀的文化和科技文明成果得到应用和继承，积淀和发展先进文化。教育与社会性劳动相结合符合时代素质教育发展要求，可以涵养学生的奉献精神和奋斗精神，把个人劳动能力摆在优先发展的位置，体现"人本性"，也能更好地保障文化的长足发展。

3. 满足人民群众对教育的需求

中国共产党始终是最广大人民根本利益的代表，教育是人民生活的基础，优质的教育是人民所需，用双手创造美好生活是人民所盼。素质教育促进人的全面发展，通过教育中的劳动创造，能最大限度地满足人民对美好生活的需要，最大限度地提升整个民族的品德素质、文化素质、心理素质。经济发展状况是否良好是通过科技是否进步和劳动者素质是否提升等来反映的，科技人才同属劳动者，知识分子也同属劳动者，劳动者的素质和本领直接影响经济能否健康、持续、协调发展。发展素质教育真正把国家利益与人民利益高度统一，将教育重心与国家发展相统一。

（三）素质教育的核心

这一时期，培养高素质人才是教育面向世界、提升综合国力的重中之重。素质教育的核心是以劳动为途径促进学生的德智体美发展。

教育是百年大计，要加快实施"科教兴国"战略，充分发挥教育在科技、经济等方面的重大作用。而这一进程并不是一蹴而就的，而是通过劳动这一实践活动，发挥教育的育人与创新功能来逐步推进的。劳动创造了人类，人类依赖劳动得以生存，社会依赖劳动得以进步和发展。素质教育不仅要培养学生良好的劳动习惯，还要让学生通过劳动来提高智力、掌握技能，进而在实际劳动过程中，促使素质能力的全面养成。其结果有利于实现教育的终极目的，即推进社会的全面进步。

素质教育不仅为了智育的发展和知识的积累，更为了心智能力的发展，而这种能力的产生来源于劳动技能的提升。全面贯彻党的教育方针，应以"三个代表"重要思想为指导，培养高素质人才，全面实施素质教育，落实"以劳促教"这一关键环节。

四、科学发展观中的劳动教育思想

科学发展观强调"以人为本"，这与马列主义、毛泽东思想、邓小平理论和"三个代表"重要思想一脉相承。

（一）"劳动活动"的继承和发展

2003 年，胡锦涛同志提出科学发展观，指出我国当前教育改革中迫切需要解决的矛盾是：在教育上单纯追求效益和功能，片面强调教育的经济效益和功能，对"人"的主体性的关切不足。在教育改革过程中，脑力劳动逐步替代体力劳动，劳动的自主性、创新性大大加强，充当了社会生产所需要的角色，为实现全面建成小康社会和社会主义现代化的宏伟目标不断前进。

2005 年，胡锦涛高度肯定了劳动的重要作用，在全国劳动模范和先进工作者表彰大会上，提出要全面贯彻"四个尊重方针"（尊重劳动、尊重知识、尊重人才、尊重创造），使热爱劳动、勤奋劳动、尊重劳动、保护劳动蔚然成风。在加快推进社会主义现代化的新阶段，劳动活动能挖掘劳动潜力，能激发劳动者的创造力，从而使他们能够迎接挑战，能够付出艰辛劳动为社会主义现代化建设做出贡献。

2010 年，胡锦涛提议要加强劳动教育，并在全国劳动模范和先进工作者表彰大会上明确指出："成就任何一项伟业都离不开劳动。"[1] 这一观点阐述了在社会主义国家的青少年都应开展劳动者最伟大的真理学习活动、劳动最光荣的社会实践活动。中国特色社会主义现代化、中华民族的伟大复兴，的的确确需要青少年的辛勤创造。同年，《国家中长期教育改革和发展规划纲要（2010—2020 年）》正式发布，明确要进一步培养高校学生尊重劳动与热爱劳动的情感，要求其投身于劳动活动。这一时期的劳动活动有重大转变，以往的"教育与劳动相结合"发展成为"教育与生产劳动和综合实践活动相结合"，赋予劳动更丰富的活动内容和功能属性，优化了知识结构，强调了培养学生热爱劳动的态度。

---

[1] 胡锦涛：《在 2010 年全国劳动模范和先进工作者表彰大会上的讲话》，《人民日报》2010 年 4 月 28 日，第 2 版。

（二）"劳动活动"的特征

胡锦涛提出的"科学发展观"中的"劳动活动"有三大特征，即全面、协调、可持续。

1. 体现全面发展的要旨

劳动活动是高校加强学生在社会实践、科学研究、技术开发及服务社会等方面能力的重要阵地，可以通过劳动活动培养学生热爱劳动和尊重劳动的观念，解决学生创新能力和实践能力不足的问题。劳动活动以生产活动和实践活动为抓手，由教育一以贯之，拓宽劳动教育空间，着力提高学生的综合素质，实现以劳育人的教育目的。劳动活动更趋向于作为方式或途径，旨在实现学生全面发展的目标。

2. 体现协调发展的思路

劳动活动并不是单一的体力劳动或是脑力劳动，也不是简单劳动或是复杂劳动，而是各种劳动形式的统一和协调。劳动活动课程也由单科专一设置转向综合课程交叉设置，特别强调劳动和技术的融合，凸显劳动活动的综合特征。最终努力形成使劳动者通过劳动活动干事业、干成事业的社会氛围，形成社会主义劳动新风尚，协调多种劳动要素，尊重一切有益于人民的劳动，保护一切为社会主义现代化事业做出贡献的劳动。

3. 体现可持续发展的战略

改革开放以来，人民生活水平稳步提高，但仍存在好逸恶劳的不良作风，和不想劳动、不会劳动、不珍惜劳动成果的问题，这不利于经济的发展和共同富裕的实现。经济发展的实质是劳动的发展，对劳动活动的可持续认识，强调劳动整体的可持续发展，是对人类生存条件的更全面认识。劳动活动是改善教育质量、提高劳动者素质的重要途径，并为国家教育、经济的可持续发展提供助力。青少年心理健康、体魄强健、意志坚定、充满活力，是一个民族旺盛生命力的重要体现和社会文明进步的重要标志。[①]劳动活动正是促进青少年德智体美发展的重要媒介，开展劳动活动是青少年担当中华民族伟大复兴使命的必要前提。

（三）"劳动活动"的核心

在 21 世纪教育现代化发展的交叉路口，劳动活动朝着历史唯物主义的方向展开。劳动活动从政治视域唯一论和经济视域统领论中脱离，更深层次地关注人文，回归"以人为本"这一核心。

劳动活动的核心是依托教育实现"人本理念"，通过教育培养全面发展的人、适应社会发展的人。具体实施的操作包括在不同地域，如城市和农村的推进；在不同学科，如人文和科学方面的调整；在不同年段，如小学和大学的开展。不断充实和丰富不同地区、不同学科、不同年段的劳动活动。极力在劳动活动中凸显劳动者的主体地位，通过劳动教育活动提高广大劳动者的能力，进而促进社会的发展。再从人的需求角度出发，衡量社会发展的程度，调整劳动活动的开展方向。"人"是一切劳动活动的出发点和落脚点，没有"人"也就没有劳动活动。在劳动过程中或是接受劳动活动教育过程中，"人"的地位是既原始又根本的，因为劳动活动的工具和思路、劳动教育活动的经验和思想都是继承前人的智慧而获得的。

■ 五、习近平新时代中国特色社会主义思想中的劳动教育思想

习近平总书记关于劳动教育的论述是对马克思主义劳动观的继承和发展，是新时代对劳动教育的根本要求，现已将其纳入人才培养全过程。

---

①吴怀友、杨秀果：《在党史学习中加强社会主义劳动教育》，《人民论坛》2021年第24期，第85—87页。

（一）"劳动教育"的继承和发展

新时代是指决胜全面建成小康社会和全面建成社会主义现代化强国的时期。在新时代，教育强国建设这一历史重任对教育的要求更趋向价值观引领和高质量人才培养。习近平总书记在 2018 年全国教育大会上强调，要把劳动教育正式纳入培养社会主义建设者和接班人的总体要求之中，明确提出构建德智体美劳全面发展的教育体系。2020 年 3 月，中共中央、国务院发布《关于全面加强新时代大中小学劳动教育的意见》，对新时代的劳动教育做了顶层设计，并从 4 个维度对新时代劳动教育目标进行了说明。

党的十八大以来，习近平总书记就"劳动教育"这一关键词延伸出"劳动价值""劳动创造""劳动精神"等内容并阐述其内涵，在全国教育大会上更是提出了大中小学要培养德智体美劳全面发展的社会主义建设者和接班人。围绕习近平总书记对劳动教育的多次重要讲话和指示形成的科学化、体系化的劳动教育思想，为新时代劳动与教育的融合提供新方向、注入新内涵，与此同时也提出新要求。在重要论述和政策的推动下，劳动教育受到教育界广泛关注，各级各校对劳动教育的探索和落实，突显了劳动教育的重要性，表明劳动教育的发展进入新阶段。

（二）"劳动教育"的特征

新时代劳动教育，结合劳动的教育性和教育的劳动性，以劳动为手段，融通德智体美，并举促进教育形成一个有机整体。

1. 劳动的教育性

劳动的教育性即劳动是劳动教育的前提和必要条件，劳动既可以作为一种相对独立的教育形式，又围绕社会的生产活动和个人的生活技能及学校的学科实践等方面开展。在校内将劳动教育渗透于日常，如校园保洁、环境绿化、植物种植，在校外组织安排劳动实践，如专业见习实习、社会志愿服务、寒暑假职业实践，提升学生专业素质和劳动能力，为学生的未来谋发展，即为社会培养有学识、有技能、会劳动的人才。劳动教育又可以作为一个切入点，化身为"黏合剂"，基于课程特性，寻找各个学科中与劳育的内在关联性并相互融通。

2. 教育的劳动性

传统的学科教育蕴含着丰富的劳动资源，在学科的基础上，更易构建资源丰富、形式多样的"学科＋劳动"的教育体系，从而有效推进校园内劳动教育常态化实施。按照新时代的核心素养要求，劳动是中介环节，以"现实的学生个人"为基点，把树德、增智、强体、育美、创新渗透在学科课程中，把握劳动教育课程中劳动活动的全面发展方向，使劳动习惯和劳动意识全面、和谐、充分地强化，实现"五育"的有机融合。

（三）"劳动教育"的核心

2018 年 9 月 10 日，在全国教育大会上，习近平总书记指出："要在学生中弘扬劳动精神，教育引导学生崇尚劳动、尊重劳动，懂得劳动最光荣、劳动最崇高、劳动最伟大、劳动最美丽的道理，长大后能够辛勤劳动、诚实劳动、创造性劳动。" 现今，劳动教育在教育内容和目标上更加趋向于对学生劳动价值观的引领，侧重于学生劳动意识的培养和劳动观念的形成。劳动教育的核心在于树立正确的劳动价值观，青少年更需要从热爱劳动、崇尚劳动、创造劳动 3 个方面，去践行社会主义核心价值观，成为德智体美劳全面发展的社会主义建设者和接班人，完成时代赋予的历史使命。

第三节　中华传统文化中的劳动教育思想

　　中华传统文化是文明演化而聚集成的反映中华民族特质和风貌的民族文化，是中华民族历史上各种思想文化、观念形态的总体表征。世代相传的中华传统文化对中国人的价值观念和思想变化有着深刻的影响，新时代劳动教育的推进落实也需要浸润中华优秀传统文化的底蕴和本色。

一、儒家的劳动教育思想

（一）孔子的"六艺"和"仁政"

　　儒家文化中的劳动教育思想源远流长，强调劳动的重要性和作用。《论语·子路》中说："子路问政。子曰：'先之，劳之。'请益。曰：'无倦。'"[①]孔子认为，治理国家主要做三件事情：首先要有劳动力（辛勤劳动），其次要使人民富裕，最后要实施教化。

　　"子适卫，冉有仆。子曰：'庶矣哉！'冉有曰：'既庶矣，又何加焉？'曰：'富之。'曰：'既富矣，又何加焉？'曰：'教之。'"[②]孔子特别强调，要通过积极的劳动实现富裕。孔子认为，如果富贵符合道义，即使是下等的劳动，也应该去做。劳动无分贵贱，差别在于是否符合道义。

[①]张子维（译注）：《〈论语〉应该这样读》，南京：南京大学出版社，2017年版，第212页。
[②]张子维（译注）：《〈论语〉应该这样读》，南京：南京大学出版社，2017年版，第216页。

《论语·子罕》中说："吾少也贱，故多能鄙事。君子多乎哉？不多也。""多"即多才多艺，指掌握包括"六艺"在内的各种技能，比如砌墙、建房屋、射箭、骑马等。"太宰，大夫官名。或吴或宋，未可分也。疑孔子多能于小艺也。"[1]多能多技主要依靠体力劳动获得，在当时被视为小艺。

（二）孟子的"贤者与民并耕而食，饔飧而治"

孟子说："然则治天下独可耕且为与？有大人之事，有小人之事。且一人之身，而百工之所为备，如必自为而后用之，是率天下而路也。故曰：或劳心，或劳力，劳心者治人，劳力者治于人；治于人者食人，治人者食于人，天下之通义也。"[2]孟子认为：脑力劳动者统治人，体力劳动者被人统治。他认为社会分工有必然性，一个人所需要的东西完全由自己制备，那么这个人就会疲于奔命。这个说法并不是完全正确的，但反映出了当时的古人已经有对劳动相关的思考和想法。

儒家认为劳动实践对于个人的成长具有十分重要的作用。虽然孟子倡导"性善论"，荀子倡导"性恶论"，但两者均认为人具有向善的可能性，人正是通过学习和劳动才成为善者。孟子认为，逆境中的劳动有助于磨砺个人的意志，"故天将降大任于是人也，必先苦其心志，劳其筋骨，饿其体肤，空乏其身，行拂乱其所为，所以动心忍性，曾益其所不能"。[3]而荀子主张"化性起伪"，认为一个人通过努力学习和劳动实践，可以上为圣人，下为士君子，学习和劳动可以改变个人的命运。《荀子·儒效》中说："'我欲贱而贵，愚而智，贫而富，可乎？'曰：其唯学乎！彼学者，行之，曰士也；敦慕焉，君子也；知之，圣人也。上为圣人，下为士、君子，孰禁我哉！"[4]

---

① 李安纲、马良：《儒教三经：论经》，北京：中国社会出版社，1999 年版，第 152 页。
② 万丽华、蓝旭（译注）：《孟子》，北京：中华书局，2012 年版，第 111 页。
③ 万丽华、蓝旭（译注）：《孟子》，北京：中华书局，2012 年版，第 285 页。
④ 方勇、李波（译注）：《荀子》，北京：中华书局，2011 年版，第 97 页。

二、道家的劳动教育思想

（一）老子的"夫代大匠斫者，希有不伤其手矣"

老子主张不干预民众的劳动。他认为农民知道如何种地，匠人知道如何雕琢好作品，"代大匠斫"只会让结果适得其反。

《道德经·第五十七章》中说："我无为，而民自化；我好静，而民自正；我无事，而民自富；我无欲，而民自朴。"也就是说，我无为，人民就自然顺化；我好静，人民就自然归正；我无事，人民就自然富裕；我无欲，人民就自然淳朴。

老子的"无为而治"并不是什么都不做，也不是过多地干预，而是要在遵循客观规律的同时充分发挥民众的创造力。

（二）庄子的"日出而作，日入而息"

庄子作为老子之后道家学派的代表人物，与老子并称"老庄"。《庄子》一书描述了庄子的批判哲学、艺术、美学、审美观、政治、社会等诸多方面的内容，即用语言的方式对宇宙生成论、人与自然的关系、生命价值、批判哲学进行了详细的论述。

《庄子·让王》："日出而作，日入而息，逍遥乎天地之间而心意自得。"[1]在我国近现代劳动教育的发展和变化中，可以看到《庄子》中蕴含的劳动观和劳动思想的影响，其为我们解读劳动思想史的流变提供了参照。《庄子·逍遥游》中提出"物任其性"，意思是万物各适其情性，劳动教育也需要回归劳动本身及尊重劳动者的劳动本性，才能使劳动者在劳动过程中享有"自由意志"与"精神解放"。这启示我们应该顺应学生的自然本性，尊重学生的

---

[1]陈鼓应（注释）：《庄子今注今译（下）》，北京：中华书局，1999年版，第744页。

个体差异，并促进学生个性的发展，反对"填鸭式教育"，最终达成培养身心健康的全面发展的人的目标。

实际上，目前我国的劳动教育还缺乏深厚的、扎实的理论基础。对于劳动教育到底是什么，为什么要做劳动教育，怎么去落实劳动教育这些本质的问题都缺乏深层理解和系统阐释。而《庄子》无疑为系统的劳动教育研究提供了启示。

《庄子》的劳动观、知识观是整体论的，其中关于劳动教育的哲学观点，大多寄托在关于"劳动者"的寓言故事之中。《庄子》中塑造的劳动者众多，他们并非社会劳动分工体系的产物，而是具有"自由意志"的"真人"，劳动者的劳动智慧突显了"真人"的品质。《齐物论》中的狙公、《养生主》中的庖丁、《天道》中的轮扁、《人间世》中的匠人、《渔父》中的渔夫，以及《达生》中的"佝偻老人""游水丈人""操舟津人""削木匠人""画圈工倕"等，构成了《庄子》中的劳动者群像。庄子通过描述民间劳动者的生活群像，将他的劳动教育思想蕴含在一个个关于劳动者的寓言故事里，把劳动融于生命经验。其中还讨论了劳动与道德、劳动与知识、劳动与身体、劳动与审美等几个基本范畴。庄子没有直接论及劳动教育，其本身是"反教育"的，即反对概念化、巧知性、有明确目的指向的专门教育，而是通过劳动叙事来彰显劳动教育的本真。

《庄子》一书既不属于哲学、伦理学与政治学，亦不属于文学与历史学，它无法归属于现代学术体系中特指的学科类型。《庄子》中的劳动教育哲学对于我们重新认识当代劳动教育，重新理解劳动、教育与人的关系，让劳动教育复归劳动本身与学生本性，具有深刻的意义。

三、法家的劳动教育思想

除了儒家、道家的劳动教育思想，法家的理论中也包含了劳动教育的相关思想和论述。先秦法家的劳动教育思想的主要特征是将农业教育和法律教育紧密结合，将教育与生产劳动紧密结合，教育内容和方式具有强制性色彩。这体现了法家劳动教育思想的时代特征：政教结合，官师合一。

墨子主张知识和生产实践相结合，提出了许多有关劳动教育的观点，其中最具有代表性的是"士虽有学，而行为本"。在墨子看来，学习理论知识不是最终目的，将这些理论知识与劳动相结合，应用于实际行动当中才是根本。这与今天所倡导的理论和实践相结合的思想在本质上是一致的。

韩非子主张"以吏为师"的教育方法，认为法律应该编写成文，置于官府里，进而传播到民众中，使民众熟知每一条法律。这样做更有利于民众了解国家的政策法令，有利于统治者对民众进行农战教育。

法家立足于战争和经济的需要，鼓励"耕战"，坚持全民皆农、以农养战的思想，从而认为应该教育广大劳动人民学习社会政治法令和对"耕战"有用的知识。虽然鼓励对劳动人民进行教育的直接目的是战争，但也从侧面反映了法家学者看到了劳动与教育相结合的重要性。

与儒家思想不同，法家的"以农养战"思想与生产劳动密切相关。诸侯国之间的相互征伐需要强大的经济实力来支持，因此，农战法制教育着眼于农战结合，并非把人的全面发展作为主要的教育目的，而是讲求个人服务于国家、服务于战争。

同时，法家强调学习法律，对民众进行农战教育和法治教育，而对"四书五经"等儒家经典和其他经典的学习加以严格限制。法家农战法制教育的专制性一方面使得秦国民风淳朴，私斗之风消失，民众遵纪守法并奋力耕战，在战场上所向披靡；另一方面，民众不学习传统经典，只学习法律条文，秦国自然就缺少厚实的文化底蕴和人文精神。

"以吏为师"保证了由秦王制定的法令顺利传达给每位秦国的百姓，使得百姓在短时间内可以迅速贯彻执行尚农战的教育内容。秦国以这一特别的教育途径保证了农战法制教育的效果，使得每一个秦国百姓都能树立尚农战的价值观念。

第四节 西方经典理论中的劳动教育思想

西方经典理论中关于劳动教育的内容也十分丰富，这里选择几个具有代表性的理论进行讨论。

一、莫尔和康帕内拉的劳动教育思想

以莫尔和康帕内拉为代表的早期空想社会主义者在西方教育史上和社会主义思想史上第一次比较系统地论述了劳动教育问题，这对马克思主义教育思想的创立产生了重要的影响。早期空想社会主义劳动教育思想具有一定的时代价值，仍然值得我们研究。

（一）批判不劳而获

莫尔和康帕内拉都对封建专制制度下的不劳而获给予了深刻和辛辣的批判。莫尔认为，在这个"羊吃人"的社会里，"一般劳动者、车夫、木匠以及农民，却不断辛苦操作，牛马不如……所谓上流绅士、金铺老板等这般家伙，不事劳动，徒然寄生，追求无益的享乐，却从国家取得极大的报偿"[1]。莫尔认为只有废除私有制，共同劳动，平均分配财富，人类才能幸福。

康帕内拉认为现存社会是一个罪恶的世界，是一个充满犯罪的社会。这

---

[1] [英] 托马斯·莫尔（著），戴镏龄（译）：《乌托邦》，北京：商务印书馆，1982 年版，第 116 页。

个社会鄙视工匠，反而尊崇那些不懂任何手艺、游手好闲、役使大批奴仆过着寄生和腐化生活的人，"这样的社会就好像一所培养罪恶的学校，培养出那样多的懒汉和恶棍，以致使国家濒于灭亡"①。康帕内拉主张废除私有制，人人必须劳动，由社会来组织一切生产和分配。

（二）主张人人劳动

莫尔设想，在乌托邦，人人都参与劳动，粮食充足，不仅提供一切所需，甚至还有多余的粮食来帮助其他国家。每一个体力充足的乌托邦公民，每天都必须从事 6 小时的体力劳动。"乌托邦宪法规定：在公共需要不受损害的范围内，所有公民应该除了从事体力劳动，还有尽可能充裕的时间用于精神上的自由及开拓，他们认为这才是人生的快乐。"②即乌托邦里的每个人要在农村住 2 年并从事农业劳动。除务农外，每人还要从事手工艺劳动，并可根据自己的爱好学习一门手艺。

（三）重视体脑结合

莫尔在其《乌托邦》一书中提到，乌托邦人生活中的 2 件事就是生产劳动、从事文化教育和科学研究工作。莫尔不仅重视体力劳动，而且重视脑力劳动。"大部分公民，不分男女，总是把体力劳动后的剩余时间一辈子花在学习上。"③"每当必要，他们都耐心参加体力劳动……对于从事智力探讨，他们从不知疲倦。"④在乌托邦，脑力劳动和体力劳动的岗位可视需要更换。

---

① [意]康帕内拉（著），陈大维、黎思复、黎廷弼（译）：《太阳城》，北京：商务印书馆，1997 年版，第 12 页。
② [英]托马斯·莫尔（著），戴镏龄（译）：《乌托邦》，北京：商务印书馆，1982 年版，第 60 页。
③[英]托马斯·莫尔（著），戴镏龄（译）：《乌托邦》，北京：商务印书馆，1982 年版，第 71 页。
④ [英]托马斯·莫尔（著），戴镏龄（译）：《乌托邦》，北京：商务印书馆，1982 年版，第 82 页。

乌托邦允许适合科学研究的年轻人专门从事智力劳动，并免除其体力劳动，但如果不能胜任，再调回去做工。乌托邦人热爱各种技艺发明，他们重视把知识用在生产中，尽量采用新工艺、新方法从事耕作和手工生产。莫尔关于消除体力劳动和脑力劳动对立的设想及在社会分工基础上的岗位调换，在当时的历史条件下是一种创见。

（四）以劳动和健康为美

针对极少数人享乐的不公正现象，莫尔追求人人过上快乐生活的理想，表达了希望劳苦大众过上幸福生活的美好愿望，提出了人类全部或主要的幸福是快乐。莫尔把健康看作所有快乐的基础和根本，是最大的快乐。"美观、矫健、轻捷，这些是乌托邦人视为来自大自然的特殊的令人愉快的礼品而高兴地加以珍视。"[1]莫尔认为快乐是人身心和谐的自然状态，主张身体快乐和精神快乐的统一，尤其强调精神的快乐，强烈批评损害自身体力、糟蹋自己的健康的做法，他认为这是对自己残忍和对自然忘恩负义的一种表现。

（五）重视对儿童进行劳动教育

儿童是人类的未来。莫尔同情劳苦的劳动人民，希望通过普及教育，把劳动人民从愚昧无知的桎梏中解放出来。这种教育既包括正规学校的教育也包括家庭教育、社会教育——如听公共演讲，自学有益的图书，参加各种学术会议，还包括在劳动实践中的教育等。儿童"从小学农，部分在学校接受理论，部分是到城市附近农庄上作实习旅行……每当有体力劳动的机会就从事实际操作"[2]。

---

[1] [英]托马斯·莫尔（著），戴镏龄（译）：《乌托邦》，北京：商务印书馆，1982年版，第80页。
[2] [英]托马斯·莫尔（著），戴镏龄（译）：《乌托邦》，北京：商务印书馆，1982年版，第44页。

二、卢梭的劳动教育思想

卢梭强调劳动的教育价值，认为劳动是一种特殊的教育形式。卢梭的劳动教育思想体现出自然主义教育家对人的发展的思考，是人全面发展理论的渊源之一。

（一）劳动的教育价值

1. 劳动是儿童走进社会的起点

儿童模仿与创造的天性，为儿童通过劳动走向社会提供了可能。通过劳动，儿童感受和探寻未知世界，对社会产生好奇和兴趣，从而为逐渐走进社会奠定基础。可以说，劳动是儿童走向社会的起点。卢梭说："不论什么年龄的人，特别是像他这样的孩子，是很想进行创造、模仿和制作，发挥自己的体力和活泼的精神的。所以，只要他看过一两次别人如何锄地、播种和种植蔬菜，他自己就想去种蔬菜的。……当他把一颗蚕豆种在地里的时候，他就占领这块土地了……我们每天都给蚕豆浇水，我们看见它们长起来的时候，简直是高兴极了。"[①] 这里的劳动，纯粹只是简单的模仿行为，与生产关系并不相关，显然劳动的教育价值还无法突显。在这个过程中，让儿童认识劳动、学习劳动，懂得劳动的意义，即为谁劳动，为什么而劳动等社会性概念，是劳动教育的要义所在。例如，爱弥儿[②]一开始将蚕豆种在别人的土地上，结果蚕豆被铲除了。在无奈和沮丧中他意识到，要想通过劳动取得收获，必须要有属于自己的土地。可见，通过这个活动，潜移默化地让孩子了解了"所

---

① [法] 卢梭（著），李平沤（译）：《爱弥儿（上卷）》，北京：商务印书馆，2017 年版，第 116 页。

[法] 卢梭（著），李平沤（译）：《爱弥儿：论教育（上卷）》，北京：人民教育出版社，1985 年版，第 259 页。

②《爱弥儿（上卷）》中的主人公。

有制"的概念，也就是说，劳动成为教育儿童认识社会的重要一步。

2. 劳动是儿童学习的终身场域

劳动是人走向社会、维系生存的基本手段。人的一生中，与劳动有着千丝万缕的联系，可以说，人的一生与劳动息息相关。但是劳动种类繁多，也并不是一成不变的，寻找适宜儿童发展的劳动项目，并为之付出努力，比劳动本身更为重要。对于儿童个人而言，根据自身情况选择合适的劳动项目，在个人发展和社会需求中找到契合点，劳动的可持续性才能保证，劳动也才有更深层的生命力。卢梭在对爱弥儿的教育中，就实践了这一点。他让年幼的爱弥儿参加劳动，为了让爱弥儿能更好地适应未来的生存与发展，他还根据爱弥儿的实际情况为他选择了具体的职业。他还认为，不同劳动的价值是不等同的，在为儿童选择劳动项目时，还要重视劳动持续的教育性。因此，劳动可以成为儿童学习的终身场域。

3. 劳动可以让儿童拥有感受幸福的能力

儿童的成长不可能一帆风顺，儿童也不能永远生活在父母的庇护下，不经历风吹雨打，这样也无法茁壮成长。卢梭认为儿童应该养成自觉忍受痛苦的能力。如果只想好好保护自己的孩子，这是远远达不到目的的。只有教他们如何保护自己，教他们如何承受命运的打击，教他们不要为财富和贫穷所困扰，让他们经历生命的历练，才能真正体会痛苦之后的幸福感。劳动是每个自然人的社会任务，也是每个人实现人生价值的最优路径，只有脚踏实地去劳动，靠自己的双手创造财富，在劳动中感受幸福，才是劳动价值的最终归宿。

（二）劳动选择的原则

（1）实用性

卢梭在他的《纳尔西斯》的序言中对法国当时的教育制度进行了无情的

批判，称当时的教育"毫无用处"。卢梭提到人们让学生去学习一条条语法规则，却不教他们做人的道理；叫他们去训练口才，却不教他们如何运用自己的头脑和身体。卢梭认为，当时的教育只能培养一批毫无用处的"饱学之士"。他称当时的教育是用训练古代竞技士的方法训练学生，而"古代的竞技士只把他们强壮的四肢用来搞毫无实际用处的训练，而从来不用它们去从事有益的劳动"[①]。因此，卢梭不让爱弥儿去做绣花匠、漆匠、喜剧演员之类的职业，认为这些职业实用性不强。卢梭更倾向于让爱弥儿去学一门手艺，成为一名手工业者，因为在人类所有可以谋生的职业中，最能接近自然状态、最不受命运和他人影响的就是手工劳动。

（2）适宜性

不同性别，不同年龄，不同个体，应该选择不同的适宜自己发展的劳动项目，才能提高劳动效率和劳动者的积极性。卢梭认为，不同年龄段的男女青年应尝试不同的劳动。他要"让每一个人有一项适合于他的性别的职业"[②]。男人要在"工作上印上男人手的痕迹"，裁缝师，兜售花边、丝球等精细活应该交给女人去干。职业的选择也要提倡"让年轻人有一项适合于他的年龄的职业"[③]，体现出他对社会资源公平分配的进步思想。卢梭反对娇生惯养，在儿童期，要让儿童尝试参与劳动；在少年期，可以与他们一起劳动，通过劳动让他们了解财产的概念，并培养他们形成尊重他人劳动成果的观念，带领他们进入道德的世界；在青年期，就可以带他们去体验生活，去感受自然，观察自然中的种种现象，使得他们养成处处观察的习惯，让他们了解劳动是

---

① [法]卢梭（著），李平沤（译）：《爱弥儿（上卷）》，北京：商务印书馆，2017年版，第297页。

②[法]卢梭（著），李平沤（译）：《爱弥儿（上卷）》，北京：商务印书馆，2017年版，第297页。

③ [法]卢梭（著），李平沤（译）：《卢梭散文选》，天津：百花文艺出版社，1995年版，第139页。

每个人必不可少的社会责任，此时就可以开始为他们选择一门职业了。

（3）吸引性

卢梭希望人们能认识到一个共性的错误，即"把机会的影响说成是才情的奋发"。好奇心刚开始可能只是来源于孩子本能的好动，人为地通过一些人造和自然的艺术品吸引孩子，再通过合理地分析孩子的爱好、倾向和性格，好奇心才能产生持续的力量，随着好奇程度的加深最终转变为学习的原动力，因此，引发学生的好奇心是对劳动教育有吸引性的第一要求。随着好奇心的产生，行动倾向也会激发，进而产生持久的工作动力。卢梭说："我之所以不喜欢那些没有趣味的职业，是因为其中的工人没有兢兢业业的上进心，而且差不多都是像机器似的人，一双手只会干他们那种活儿。"① 只有灵活、有趣、不乏味的工作，才能使劳动者保持愉悦的情绪，才能保证工作的持续性。

卢梭强调要多参加劳动，长久地坚持劳动。通过劳动，积累经验，精通本行，适应他行。例如，通过从事木工工作，爱弥儿具备了从事多种职业的基本素质。"他的身子灵便、手脚灵活，能毫无困难地做各种各样的姿势……此外，他的一切器官都是很健全的，而且还受过良好的锻炼；他已经懂得各种技术的机械原理。"② 同时，爱弥儿在劳动中养成了喜爱劳动、耐心顽强、充满勇气的优良品质，既增强了技能又提高了素养，成为卢梭眼中的理想新人。

（三）劳动教育的实施方法

1. 感官培养法

孩子在生命的初期，往往会通过听觉、视觉、味觉、嗅觉等感知世界，

① [法] 卢梭（著），李平沤（译）：《爱弥儿（上卷）》，北京：商务印书馆，2017 年版，第 299 页。
② [法] 卢梭（著），李平沤（译）：《爱弥儿（上卷）》，北京：商务印书馆，2017 年版，第 297 页。

使用感官是其获取知识的重要途径。一方面，培养孩子自我行动的能力，也就是强调自己动手做事，而不要让别人替代，这是其认识和探索这个世界的途径。另一方面，锻炼感官不仅仅是使用感官，而是要通过它们学习和掌握正确的判断方法和技巧，即通过"各种各样能够运动身体而不束缚身体的活动"来练习双重感官的应用。卢梭提出了"跑步训练法"，通过好胜心的激发让懒惰的学生自愿参加小型的赛跑比赛，先用一些小手段让他们赢得胜利激发其兴趣，在发现学生喜欢挑平坦的路线跑之后，故意把他们的路线再画长，使得他们处在不利地位。为了获得胜利，学生只能仔细地观察，练习用眼力去测量长短，经过几个月的努力，他们的眼睛已经变成了一个"测距仪"。

2. 直观教学法

直观教学法，是通过直接观察事物进行教学的方法，这种方法可以让观察者通过感官获取对事物的认识，往往更加直接有效，也更能培养观察者的专注力，并以此积累劳动经验。卢梭和爱弥儿在集市上看到一个鸭子戏法，回去后模仿做了一个道具，在玩的过程中发现鸭子在静止时总是面朝同一个方向，再深入研究这个方向的问题，便发现了指南针的原理。这个过程虽然并不出奇，但可以发现，卢梭在教育的过程中，注重孩子的兴趣和体验，通过直观教学法，激发了孩子的好奇心，从而增强了教学效果，达到了良好的教学目的。

3. 环境熏陶法

良好的教育需要自然的教育、人的教育、事物的教育三者相配合。卢梭认为，人生来就是有感觉的，一出生就受到周围事物的影响，环境是影响人的重要因素。一方面，营造优良的自然环境，让孩子在良好环境的熏陶中，认识世界，快乐成长。对于刚出生的婴儿，人们往往会将其穿上所谓合身的衣服或裹在襁褓之中，表面上孩子似乎受到了保护，殊不知这样的行为，只会束缚他们最初的体力活动，让他们无法自由地通过手脚活动来探索世界，因此他们来到这个世界的第一感受就是压抑和不舒适。他提倡给婴儿穿上肥大的衣服，让他们的四肢能自由活动，自由地在屋子里爬行的同时，增强体质；同时，他建议让孩子们生活在乡村，呼吸新鲜的空气，在自然中舒适地生活与成长。另一方面，营造优良的学习环境，卢梭提倡让孩子们长在乡间、长在田间，通过耳濡目染，自然而然就学会了耕作，理解了劳动的辛劳。通过爱弥儿"种豆子""砸玻璃"等事件，卢梭让孩子们在真正劳动之前，先学会尊重他人的劳动成果。

（四）劳动教育中的各种关系

从自然主义教育中，教师与学生、劳动与学习、劳动与生活存在着密切的联系，只有厘清各种关系，才能更好地开展劳动教育，达到预期效果。

1. 教师与学生

在劳动教育过程中，教师承担着重要的角色，不仅是示范，也包括对学生体力的辅助和心理的调适。"你就要亲自动手去工作，处处给他做一个模范：为了使他成为师傅，你就要到处都做徒弟。"[1] "我做他种菜的副手，我帮他锄地，一直帮到他自己有足够的臂力锄地为止。"[2]虽然卢梭主张天性教育，但他并没有忽视教师的辅助、引导、陪伴和示范作用，只有教师参与，让孩子们全神贯注地投入劳动之中，才能促进他们深度学习，体验获得感。劳动教育中的教师，要在一旁留心观察、暗中保护孩子们，观察、研究孩子们的想法，解决他们遇到的困难，并及时纠正不正确的做法，而不是用标准去要求和制约他们的行为。

---

[1] [法]卢梭（著），李平沤（译）：《爱弥儿（上卷）》，北京：商务印书馆，2017年版，第272页。

[2] [法]卢梭（著），李平沤（译）：《爱弥儿（上卷）》，北京：商务印书馆，2017年版，第116页。

2. 劳动与学习

在劳动教育中，劳动与学习是不可分割的存在，彼此融合，才能更好地促进学生成长。卢梭主张："我们所抱的志愿不在于学木匠的手艺，而在于把我们提拔到木匠的身份。因此，我主张每个星期至少去师傅家里去学一个或两个整体，……我们要一下就学会几种职业，而且要在学做手工的同时又不忽略其他的学习。"[①] 卢梭认为，劳动不能局限于某个具体的劳动或技能训练中，不做机械重复的无意义的劳动，而是要与学习相结合，在技能训练的同时，掌握与之相适应某种职业的多方面知识，包括职业基本知识、社会知识，满足职业对人的全方面要求，才能更好地适应社会的发展。可见，劳动与学习是互相促进的关系，劳动教育的过程是学习的过程，更是使人适应和满足职业发展的过程。

3. 劳动与生活

在卢梭看来，劳动不是终极目的，不是为了其本身而存在的，它是生存的一种手段。"我们不能够把我们的时间全都用在工场里。我们不仅仅要学习做工人，我们还做学习做人。"[②] 通过劳动，在习得各种技能的同时，更要关注人的生活品质；要了解社会，领悟人生价值，学会与人相处，能够处理生活中的各种关系，追求劳动本身以外的更高价值，提高生活品质，体悟生命真谛。卢梭反对大私有制，反对土地对人的束缚，主张培养自食其力的新人，希望人通过劳动去获得对生活的满足感，感受生活的美好，实现生命的价值。可见，卢梭培养的不是独立生活的个体，而是培养能与其他人和睦相处、懂得生活并乐于生活的社会人。

---

① [法] 卢梭（著），李平沤（译）：《爱弥儿（上卷）》，北京：商务印书馆，2017 年版，第 300，301 页。
② [法] 卢梭（著），李平沤（译）：《爱弥儿（上卷）》，北京：商务印书馆，2017 年版，第 300，301 页。

三、罗伯特·欧文的劳动教育思想

（一）体力与脑力的结合是自然的价值标准

欧文进一步主张用"工厂法"来限制剥削，并拟定一个更好的社会计划，试图根本改变这种不合理的剥削关系。他在苏格兰的新纳拉克进行实验，力图在实践中实现工厂的生产劳动和教育的结合。欧文在对教育和生产劳动相结合的理论探索过程中，发现了过细分工对人发展的不利，指出实际生产劳动还必须和智育、体育结合起来。这在大机器生产的情况下尤其重要，因为这样能够使社会及人的发展都得到满足。马克思、恩格斯没有否定空想社会主义的功绩，而是对它们给予了很高的评价。马克思对欧文的教育与生产劳动相结合的观点更是给予了充分的肯定。

欧文19岁时就是一位使用大机器生产的纺织厂的经理，当时这个厂子有500多位工人。此时起，欧文就深切地感受到了工人阶级所受的压迫，尤其是看到本厂童工恶劣的生活、工作环境，看到了他们过着非人的日子。尽管欧文是厂内经理，他却真诚地同情着下层的工作者，尤其是童工。于是他在自己的工厂进行改革。他规定10岁以前的儿童必须上学，不能做工，10岁以后的儿童也必须参加傍晚安排的学习活动，可以白天劳动，晚上在夜校学习。欧文这样改革的原因是他认为劳动是重要的教育因素，以及他认为的人才标准是能积极从事社会活动，能积极独立思考。

（二）创办现代化的工厂和新型学校

欧文提出的"环境对于人的本性具有决定性的影响"[①]及教育与劳动实践相结合的观点，展示了其教育观的科学性。欧文说："我在研究了过去的

[①] [英]欧文（著），柯象峰、何光来、秦果显（译）：《欧文选集（第二卷）》，北京：商务印书馆，1981年版，第73页。

历史和现在的世界状况之后，头脑中产生了深刻的信念，认为无论过去、现在和将来，一个人永远是他出生前后所存在的周围环境的产物。[①]”欧文将他的工厂作为实践的对象，他使用新机器来节约工人们的劳动时间，翻新宿舍，提高生活质量，并且增加他们合理的休息时间，为培养人的理性而创造良好的社会环境。他按工人们的年龄分段，让他们在业余时间学习知识来转变思想和行为。在他生活的那个年代，受资本主义制度和宗教的影响，儿童受到的教育很少，尤其是精神的、道德的教育。因此，他大力提倡理性教育，希望人们成为富有理性的人。

欧文 29 岁时去了新拉纳克，担任一家棉纺厂的经理。他了解到下层阶级的苦难，得知工厂人员的来源比较复杂，包括大约 2000 名农民、无家可归者、失业者等，工人工作时间长，工作环境恶劣，工资不值一提。接任经理后，他没有继续剥削工人，而是努力改善工人的生活和工作环境，并在公有制和教育方面做了实验。欧文的早期教育实践，正是在苏格兰新拉纳克的工厂发展起来的，他创办了第一所工人子女幼儿园，2 岁孩童就可以入学，还特意从工人中聘请了老师。学校要求幼儿读好、学会、看懂课本，字要写得快而整齐，计算要准确，女生要学会缝衣服、做饭、打扫房子。欧文认为，孩子能看好书，然后结合实际掌握有用的知识，才能成为理性、优秀的人物。

到 1816 年，欧文的“性格陶冶馆”在新拉纳克正式成立。正如欧文所设想的那样，从 2 岁到 5 岁的孩子们在幼儿学校里，那里有专门的教室、专门的老师，他们快乐地学习文化知识，学习舞蹈，学习唱歌，学习乐器演奏，获得身心的健康发展。[②]随着“品格修炼堂”的实施，欧文弘扬了自己的观

① [英] 欧文（著），柯象峰、何光来、秦果显（译）：《欧文选集（第二卷）》，北京：商务印书馆，1981 年版，第 84 页。

② 瞿葆奎、沈剑平：《伟大的空想社会主义者欧文的教育理论》，《中国教育科学》2022 年第 2 期，第 3—11 页。

点和理论，幼儿学校的实施也取得了良好的效果，让欧文在当时获得了极大的荣誉，很多富豪如工厂主、慈善家等都跟着欧文做教育，慈善教育开始流行起来。在欧文的领导下，形成了一场幼儿学校"运动"。这种"运动"像浪涛一样，一波接一波，持续了20年，地域范围逐渐扩大，后来波及美国；直到推动英国成立国家级的幼儿教育协会，才圆满地告一段落。欧文的新拉纳克实验取得了阶段性的成功，生产效率提升，给工厂股东带来了更大的利益。同时，工人们的生存环境及待遇发生了翻天覆地的变化。在欧文的带领下，由于工厂生产效益和股东获利的提高及环境的改善，新拉纳克一时被称为"幸福之村"。恩格斯说，欧文彻底改变了新拉纳克，将复杂和堕落的人变成了模范移民，他能够做到这点，"只是由于他使人生活在比较合乎人的尊严的环境中，特别是让成长中的一代受到精心的教育"。[①]

欧文在新拉纳克将教育与生产相结合的理论与实践活动，不仅影响了当时的西方教育，而且对东方乃至世界都产生了重要影响。具体来说，他的理论为马克思主义教育理论提供了思想基础，通过马克思主义的传播，也对我国的教育政策产生了影响，现今中国的教育政策仍然具有教育与生产和劳动相结合的表现形式。

---

①中共中央马克思恩格斯列宁斯大林著作编译局：《马克思恩格斯选集（第三卷）》，北京：人民出版社，2012年第3版，第302页。

第五节　教育名家的劳动教育思想

诸多教育名家基于自身对劳动教育的认知、思考及具体实践，形成了各有重点、突出核心、抓住关键的劳动教育思想，自然也应该成为新时代劳动教育发展的理论借鉴。

一、陶行知的劳动教育思想

陶行知是乡村师范教育的实践者，被毛泽东同志盛赞为"人民教育家"。陶行知在劳动教育理论上独树一帜，提出"生活教育"，主张"生活即教育""社会即学校"，强调"教学做合一"。这些理念是国内外劳动教育理论的逻辑生长点，同时也是劳动实践的理论起点。劳动的"做"源于日常生活，贯穿社会发展，反哺于师范生的"教与学"；"做"在端正师范生的劳动思想、夯实师范生的劳动本领上发挥巨大的作用。

（一）"生活即教育"与劳动教育

陶行知认为，教育是一种起源于生活的社会现象，生活是教育的中心，教育应该为社会生活服务，在改造生活中发挥最大的作用。[①]劳动教育也不例外，劳动与教育的交织起源于生活并为社会生活服务，改造实际生活。

---

① 何国华：《陶行知教育学》，广州：广东高等教育出版社，2002年版，第45页。

1. 劳动目的：手脑相长

陶行知主张手脑并用，提出劳动教育"在谋手脑相长，以增进自立之能力，获得事物之真知，及了解劳动者之甘苦"。[1]他曾批评中国乡村教育："他教人离开乡下向城里跑，他教人吃饭不种田，穿衣不种棉，住房子不造林……他教农夫的子弟变成书呆子……"[2]这反映了近代教育手脑分离。陶行知长于谋虑，以广自立，得其情，知其劳。积极参与劳动，以劳动锻炼智力，让脑与手一同生长，创造美好未来，这是陶行知所希望的。他将自己的"手脑相长"教育思想付诸实践：创建农村师范教育学校（南京晓庄试验乡村师范学校），通过教育试点以谋求学生协调使用手和脑，表明让学生学知识不等于让他们成为"书呆子"，去田间劳动不等于做"田呆子"。他时常提醒本校师生要端正学习态度、找对学习方法，切勿把读书和劳动相分离。由此可见，人才的培养要同时注重头脑的训练和手脚技能的提升，让学生手脑相长，学会生活，这便是劳育区别于单纯智育活动的固定模式。

2. 劳动内容：个人生活

掌握基本生活必备技能，包括做饭、洗衣、扫地等，是陶行知"生活即教育"思想理念的基础内容。在他创办的晓庄师范学校里，"不会烧饭，不得毕业"的口号深入人心。陶行知在晓庄师范学校办学期间更是以身作则，自行洗补衣服、打扫学校，成为劳动教育与生活相联系的榜样者、躬行者。随后晓庄师范学校流传了一首描绘陶行知劳动实践的小诗："晓庄师范开个例，校长自己来敲钟；名人去见陶先生，校长室里无影踪；先生赤足挑粪桶……"[3]陶行知在《初学烧饭》中说："书呆子烧饭，一锅烧四样：生、焦、硬、烂。"[4]

[1]陶行知：《陶行知全集（第二卷）》，成都：四川教育出版社，1991年版，第411页。
[2]陶行知：《陶行知全集（第二卷）》，成都：四川教育出版社，1991年版，第275页。
[3][日]斋藤秋男（著），杨畅（译）：《陶行知评传：政治抒情诗人的一生》，成都：四川教育出版社，1987年版，第15页。
[4]陶行知：《陶行知全集（第七卷）》，成都：四川教育出版社，2009年版，第52页。

为了让学生学会生存，他在学校开设烹饪等课程，传授学生必备的生活技能，培养学生走入社会的生活能力。

（二）"社会即学校"与劳动教育

生活中切实培养劳动技能、劳动品质及劳动精神，可为劳动教育理论的发展提供养分。"社会即学校"与"生活即教育"是一体的，展现出劳动教育不受时空限制，揭示出社会的生活性、学校的局限性，从而要求学生的能力要往农耕收作、公益服务方面延伸。

1. 劳动方式：生产劳作

在陶行知看来，应运用社会的力量来教育个体，使个人在社会的各种劳动中得以全面发展。"过的是少爷生活，虽天天读劳动的书籍，不算是受着劳动教育。"[①]他认为，真正的劳动教育要走入田间流汗，吃自己亲手种植的粮食，学会发明工具、制造工具。在晓庄师范学校，陶行知以身作则，穿草鞋、扛锄头去种树、扫地、养鱼等，他还开辟专门的农场供师生学习农耕，如种植蔬菜、果树，农场间可时常看见师生农作的身影。农夫们教导学生饲养牲畜，不但点缀了晓庄师范学校的生态环境，更增加了晓庄师范学校的生机与活力。

2. 劳动理念：公益服务

陶行知提倡师生结交农民，提倡"会朋友去"。学生会结对走访农户，询问他们的家庭和工作状况，并了解他们的农作情况。"会朋友去"是为了让同学们主动参与到公益劳动中，无偿地为农民提供帮助，使他们更好地理解劳动的含义，增强他们对社会的责任感。陶行知的学生大多是农村人，他的学校也建在乡下，所以"会朋友去"是有条件的，希望学生们能深入农村，感受到自己的责任和义务。陶行知让学生做的公益劳动，是突破学校的围墙，

---

① 陶行知：《陶行知教育文选》，北京：教育科学出版社，1981年版，第164页。

开辟了劳动的一条新道路，将知识与劳动紧密地联系起来，使学生热爱劳动、服务社会。

（三）"教学做合一"与劳动教育

"教学做合一"就是"教人者先教己""己明者后明人"。无论先"教己"后"明人"，还是"己明"再去"明人"，都必须通过"做"来实现。[①]"教学做合一"的重点是"做"，"做"即劳动，劳动的方式源于生活，又反作用并适应于社会发展。

1. 理念：理论与实践统一

劳动技能的形成需要劳动者持之不断地"学与做"，也离不开教育者的"教与学"。"做"存在于生活之中，也同样是生活的必需要素，为生活固有之形态，只是常常被忽略。如何"做"？从生活中的"教与学"能找到答案。"做"的实际方式决定教学的形式，例如，生活中的煮饭，如何教便如何学，如何学便如何做，这是在实际操作中完成的劳动。同时，陶行知强调，"教、学、做"在生活和实践中要实现时间上的统一，即教即学，即学即做，避免理论与实践的割裂，否则掌握效果将大打折扣。只有将理论与实践的时间进行统一，教育的效果才能实现。劳动教育的学习也是如此，在劳动教育的实施过程中，仅仅只关注到"教与学"是不足的，因为这只是理论性的知识学习，还应重视教学实践活动，让学生在学习的基础上，去大胆实践，验证自己的想法，从而熟练掌握劳动技能。这便是"教学做合一"要达到的实际功效。

2. 发展：顺应时代变化

"做"有"做"的目的，不能是盲目的、无厘头的劳动。陶行知认为教育来源于生活，"教、学、做"同样有这一特点，生活需要什么就教学生什么，

---

① 谌安荣：《陶行知生活教育理论的内涵及其意义》，《广西社会科学》2004 年第 9 期，第 189—191 页。

学生用学习的知识去生活。生活是"做"的最主要来源，生活提供了学生劳动的内容与空间，提供了学生劳动技能的机会，也间接推动了社会的发展与进步。可见，劳动也是来源于生活、紧扣实际的，从而劳动者适应社会的变化，推动社会发展。社会生活需要多种劳动技能的加持，如生活技能（做菜、烧柴、扫地等）、生产技能（养鸡、养鱼、纺纱等）、职业技能（种麦、种树、木工等）。除此之外，陶行知还关注社会实践，提出"会朋友去"活动，鼓励学生与农户做朋友，去农民家中做客、学习，学习社会所需要的劳动本领。

3.倡导：五育融合发展

陶行知提出培养"在劳力上劳心"且具有"健康的体魄、农夫的身手、科学的头脑、艺术的兴趣、改造社会的精神"的人，倡导培养全面发展的"真人"。[①]"劳力结合劳心"是指劳动教育的教化实质，是一种以劳动为载体，有目地培育人的行为。陶行知在认识劳动知识、提高技术自立、树立正确的道德情操观念等方面都十分重视劳动教育的作用。教育中的"做"并不是单一的，而是将教育中的各个要素进行连接，从而提高智力，提高身体素质，提高劳动者素质，提高教师素质。"五育"并举即树德、增智、强体、育美，其联结点便是个人劳动。

（四）生活教育理论

"生活教育理论"强调手脑并用，将理论与实践结合起来，从"教"中收获"学"，通过理论内化产生"做"的行为。师范生将从事的教师一职需要"教"与"学"的统一。正确的劳动价值观引领"德"的产生，正确的劳动价值观是通过"做"形成的，而不是单纯地靠"教"或者"学"。同样，师范生今后所从事的教学工作是综合运用知识和技能的实践活动，旨在培养全面发展

---

① 廖其发：《论对陶行知教育思想的超越》，《教育与教学研究》2018年第11期，第7—13，123页。

的社会主义接班人，即从自身培养到学生培养。

1. 利于"立德"

师范生未来将服务于国家、服务于人民的教育事业，因此自身要树立正确的劳动价值观，认识到社会劳动与个人价值的实现密不可分，完善自己的世界观、人生观、价值观，从而让未来的青少年正确认识劳动，并培养他们善于发现、解决问题的实践能力和创新精神。缺少劳动的人便是失去自主能力的人，无法自力更生，何谈实现自我理想、为社会做贡献？因此"立德"尤为重要，"立"的是国之大德、社会公德和个人私德。[①]立德是从自我开始"做"，首先是塑造正确的劳动价值观，其次是培养劳动精神，最后在实践与理解中提升师范生的"德"。只有在循环往复的实践—反思—实践的闭环中，才能不断加深对正确劳动价值观的领会，立好自己的"德"，显出人师的正道。

2. 利于"树人"

师范生队伍作为未来的教师预备军，个人的言行、价值观会影响未来学生的发展。那么师范生自身需"立德"才得以"树人"，即将正确的劳动价值观传递给一代代青少年，让教育润物细无声。陶行知的教育理论中的"做"是传递的中介，"做"是检验学生劳动价值观正确与否的"锄头"，学生所沃之土是否能促使其根红苗正，翻一翻便可得知。实际上，在现今的时代发展中，孩子们在成长过程中很容易形成一些错误的劳动价值观，尤其是典型的错误思想，如"不劳而获""天上掉馅饼"等，反映出他们对生活的认识片面而狭隘，缺乏真正的劳动精神。对于人的内在素养，无法一眼得知时，"做"便是最好的检验方法，内在的劳动精神的形成会反映在外在的行为方式上，

---

① 张铭凯、王潇晨：《师范生劳动教育：价值诉求、核心内容与基本方略》，《黑龙江高教研究》2020年第12期，第17—21页。

并反作用于劳动实践。通过"教与学"之后的"做"可以检验"树人"的成效。错误的劳动价值观容易使青少年误入歧途，也会为社会治安增加不确定因素，不利于社会的发展。诚如习近平总书记所言："人世间的美好梦想，只有通过诚实劳动才能实现；发展中的各种难题，只有通过诚实劳动才能破解；生命里的一切辉煌，只有通过诚实劳动才能铸就。"[①]身体力行的劳动给予青少年脚踏实地的未来，正如陶行知的教育理论中着重强调"做"是实践实干，通过"做"可以树立正确的劳动价值观，可以培养良好的劳动品质和健全的人格。

3. 利于"促全"

劳动教育是"五育"的中间环节，也是实践途径，是对德智体美的综合运用，在"五育"中起着至关重要的作用。"五育模式"的发展有着近百年的历史。19世纪末，梁启超提出"三育并举"思想，并尝试运用于教育；而后，王国维又在其基础上提出"四育统合"思想；随后，蔡元培提出"五育并举"思想。我们可以看出随着时代的发展，劳动教育的重要地位逐渐显现出来。之前众多师范生培养的课程设置更多倾向于德智体美这"四育"，鲜有劳育。2018年，习近平总书记强调了劳育的重要性，要培养德智体美劳全面发展的社会主义建设者和接班人。如今，越来越多的学者发现德、智、体、美、劳之间相互联系、相互融合、相互包含、相互促进，同时相互独立。

德育、智育、体育、美育、劳育相互渗透、融通，形成一个不可分割的整体，共同促进师范生全面地发展。师范生的个人劳动在于形成专业技能，这是培育教师的关键一环，以利于在专业实践的过程中不断满足自身未来发展的需求。《关于全面加强新时代大中小学劳动教育的意见》对大学生的要求中明确指出："实施劳动教育重点是在系统的文化知识学习之外，有目的、有计

---

① 《习近平谈治国理政》，北京：外文出版社，2014年版，第88—97页。

划地组织学生参加日常生活劳动、生产劳动和服务性劳动,让学生动手实践、出力流汗,接受锻炼、磨炼意志,培养学生正确劳动价值观和良好劳动品质。"[1] 在日常生活劳动、生产劳动和服务性劳动过程中有德、智、体、美的渗透,实践行动让师范生有更深刻的感悟,完备其未来作为人民教师在思想、心理、行为等方面应具备的基本素质。师范生的特殊性使其不仅仅要将"五育"内化于心,还要将其外化于行,以胜任教书育人的工作,助推未来学生的全面发展。

二、陈鹤琴的劳动教育思想

陈鹤琴是我国家庭教育实践的奠基人,提出"活教育"理论,主张"教活书,活教书,教书活",认为儿童要"读活书,活读书,读书活"。这一理论与劳动教育理念高度契合,目标皆在于培养全面发展的社会主义建设者和接班人。陈鹤琴的"活教育"理论侧重家庭劳动教育,通过参加简单劳动活动和认识成人劳动两方面来体现,充分肯定日常家庭生活的教育价值,重视生活技能习得、卫生习惯养成、良好品格塑造,分别以自我服务式、游戏体验式、环境熏陶式 3 种方式体现劳动教育思想。

(一)自我服务式劳动教育

陈鹤琴深受杜威进步主义教育思想的熏陶和陶行知生活教育理论的启发,高度关注教育与生活的内在联系,充分肯定日常生活劳动的教育价值,形成以自我服务性为表征的家庭劳动教育观。

1. 劳动内容:生活技能

自我服务性劳动是儿童日常家庭生活的必需,即儿童自我生活的技能。

---

[1] 中共中央、国务院:《中共中央 国务院关于全面加强新时代大中小学劳动教育的意见 》,http://www.moe.gov.cn/jyb_xxgk/moe_1777/moe_1778/202003/t20200326_435127.html, 2020−03−20。

培养这一技能可以让儿童获得劳动的习惯、劳动的知识、劳动的技能、劳动的意识和劳动的情感，在卫生、学习、礼仪、品格等方面有所提升。儿童自我生活的技能的培养首先是为自我而服务，兼有日常生活劳动和服务性劳动双重性质。自我服务性劳动的基本要求是自理能力的养成，如洗漱、穿衣、吃饭、上厕所、睡觉等简单劳动。其中，洗漱活动细分为使用牙刷、折叠毛巾、清洗杯子等；吃饭活动中可以指导儿童盛饭菜、端碗筷、独立进食等；如厕活动时要求儿童学会脱裤子、使用厕纸和厕具等。儿童自我生活的技能不仅要在家庭教育时有所引导，在校学习中也要给予巩固，同时发挥儿童的自主能动性，从而更好地为未来的独立生活服务。

2.劳动目的：独立自主

生活技能的培养是对传统家庭劳动观念的挑战。以往的父母对于儿童在家庭劳动中的态度是包办，这是基于对孩子溺爱的心理，帮助孩子完成在家庭中的一切劳动活动。陈鹤琴的理念与之相反，她认为劳动是积累经验的"发动机"，期许孩子们用双手摸世界，睁开眼睛看世界，张开耳朵听世界。这就要求孩子们通过劳动实践收获生活经验，能独立生活，用手去行动，用眼去观察，用耳去聆听，提升孩子们的生活能力。与此同时，独立自主是在父母的引导下，力所能及地参与劳动量适当、劳动难度适中的家庭劳动。这对于孩子未来的个人生活、集体学习有所裨益。

（二）游戏体验式劳动教育

1.劳动理念：科学规律

陈鹤琴认为孩子的成长要遵循其身心发展的规律，正如大自然的万物生长有一定的法则，要让孩子的做和玩符合年龄特点，尊重孩子的成长，凡事不能操之过急。陈鹤琴认为儿童应在大自然中生活，大自然蕴含的广博知识和生长奥秘是促进孩子身心健康发展的活教材。鼓励孩子用自己的眼睛去发现世界、了解万物的因果循环，在看、做中感悟世界，释放孩童的天性——玩。在大自然中玩、在生活中玩，这种玩可以概括为游戏体验式劳动。玩的方式是多种多样的，其前提是要形成家校合力，为儿童创造一个良好的安全化、舒适化的劳动区域。这都是基于孩子的已有经验和原有条件，学会在玩中学、玩中悟。

2. 劳动形式：寓劳于乐

陈鹤琴主张的"游戏体验式"劳动，属于"寓劳于乐"的一种形式。幼儿的"劳动＋游戏"有利于加速幼儿社会化的进程，促进良好人格的形成。[①]游戏的形式多种多样，例如烹饪类型的迷你版家庭小厨房，种植类型的家庭小菜园，保洁类型的家庭小保姆，以及其他孩子力所能及的"游戏化"劳动。通过扮演、实操，让孩子真实地走入劳动中，从小明白劳动过程的辛苦和收获成果的快乐。在这一游戏中可以切实发挥劳动实效，达到游戏寓劳的作用。但要注意的是，在这一过程中不能过分强调游戏的趣味性，应更多地体验劳动，让他们随着成长慢慢明白游戏劳动和真实劳动的区别。"游戏体验式"劳动布置者首先自身要明白游戏不是实施的目的，而是一种体验劳动的途径。

（三）环境熏陶式劳动教育

1. 劳动激励：榜样示范

儿童在成长期间容易受环境的影响，因而言传身教依托于环境影响，要对孩子产生良好的教育效果，父母在家庭中就要树立良好的榜样形象以激发孩子形成积极的劳动愿望。陈鹤琴认为父母是孩子的第一任老师，在家庭中孩子观察父母的一言一行，善于去模仿、学习。孩子具有"好模仿"的天性，他们通过与优秀榜样的相处，如父母、身边的玩伴、同学，能在相处过程中

---

① 张树俊：《论幼儿的"劳动"游戏与教育》，《连云港师范高等专科学校学报》2012年第 1 期，第 68—71 页。

受到感染、熏陶，朝着优秀榜样靠近，在模范劳动中体验属于自己独特的乐趣，从而不知不觉地提升劳动技能、养成良好的劳动习惯。

2. 劳动特质：潜移默化

潜移默化是劳动的特质，环境是其发展传递的介质。塑造孩子良好的劳动习惯，不仅需要教师、父母有为儿童创造适宜劳动环境的智慧，更需要教师、父母能够切实尊重儿童人格，充分相信儿童能力，善于激励，敢于放手。陈鹤琴着重强调为儿童营造 5 个方面的良好环境，依次为游戏的环境、劳动的环境、科学的环境、艺术的环境和阅读的环境。[①] 劳动环境的塑造是为悄悄引起孩子的兴趣，并不是强硬指定劳动，从氛围的营造、适合的类型选择，创造儿童喜爱且合适的劳动。

 三、苏霍姆林斯基的劳动教育思想

苏霍姆林斯基是苏联著名的教育家，他对于劳动教育的见解对劳动教育思想体系的构建有重要的借鉴意义。苏霍姆林斯基强调劳动在生活和社会发展中的作用，重视劳动价值观对人的塑造作用。这里的劳动分为体力劳动和脑力劳动两类。体力劳动创造物质生活需要，脑力劳动指导物质生产发生，两者的有机结合丰富了物质世界和精神世界。

（一）"全面和谐发展"与劳动教育

1. 观念发展

苏霍姆林斯基注重创造物质价值的服务性劳动，鼓励学生参加为社会带来福利的劳动，他始终关注学生在道德准备环节的发展，培养学生热爱劳动、自觉劳动的情感。苏霍姆林斯基在帕夫雷什中学任教时，便让学生走入劳动

---

① 刘军豪：《陈鹤琴家庭劳动教育思想的内涵、原则与路径》，《陕西学前师范学院学报》2020 年第 8 期，第 42—46 页。

人民的最简朴的生活中，走入真实的劳动场景。只有当学生切实地体验了劳动的过程，通过自己的辛勤劳动获得劳动成果，才能真正珍惜劳动成果，尊重劳动人民，才能使内心情感慢慢倾向劳动，通过劳动形成自身的价值观，丰富精神世界，获得自我肯定、自我价值。

2. 素养发展

素养发展包括德智体美劳5个方面，苏霍姆林斯基提出劳动是道德、智力之源，能够增强体质和美感。苏霍姆林斯基在认识劳动知识、提高劳动技能、建立正确的道德情操观念等方面都十分重视劳动教育的作用。教育中的素养发展方向并不是单一的，而是将教育中的各个要素进行连接。正如，劳动教育既可以教授基本的劳动知识和技术，又可以通过劳动提高智力、提高身体素质和劳动者素养。"五育"并举，即树德、增智、强体、育美由个人劳动联结，经过劳动，思维才能敏捷，素质才能提升。

（二）"手脑结合"与劳动教育

1. 体力与脑力有机结合

苏霍姆林斯基提倡有意义的劳动是手脑结合的、具有创造性的。体力劳动并不是单纯的流汗，而是一个体验和创造的过程。例如，种植劳作、基塘养殖等，都是不断地运用脑力智慧结合体力劳作进行的创造性劳动，是体力劳动与脑力劳动的结晶。这也说明了不应把体力劳动和脑力劳动相脱离、相对立。新时代背景下，提倡数字化劳动，即"体力＋脑力"构成的创造性劳动，其核心是将科学技术贯穿于劳动之中，将双手与智慧有机结合，真正提高劳动成效。

2. 劳动与"五育"的结合

苏霍姆林斯基强调，劳动促使人在社会活动中完善交往能力，明白是非曲直，树立正确的品德，促进知情意行的发展。譬如让学生美化环境，提升审美水平。此外，集体劳动是促进"五育"提升的途径之一，群体之间的互动是突破固有劳动技能、提高孩子劳动积极性的一种社会助力。在实施德智体美劳融合的过程中，由劳育统一整体，实现各环节相互联系、相互促进、协调发展。

（三）"科技进步方针"与劳动教育

苏霍姆林斯基强调，学生的爱好只能在积极活动的过程中表现出来，因此必须为这些活动创造相应的物质基础。

在帕夫雷什中学，学校为劳动活动提供了扎实的物质基础，保证不同学段的学生可以依据自身兴趣选择劳动项目。在产业革命加速推进的背景下，学校要积极结合产业新业态发展的要求，拓展劳动内容、创新劳动形式，要让学生接触到现代化、智能化的生产活动，为学生应对未来生活做准备。科技的进步靠的是劳动的智慧，劳动在国际领域产生的碰撞，更有利于劳动者技术素养的提升。在科技进步的背景下，力求劳动者的思想不光在头脑里，也在指尖上，即通过双手操控各种器械，达到对技能的掌握。

第四章

师范生劳动教育及其培养的内在逻辑

　　劳动教育是新时代党的教育方针的重要内容。师范生作为未来教师的主力军，不仅是教师教育职前培养阶段落实劳动教育的重要对象，还是未来在从教过程中推进劳动教育的关键力量。因此，师范生劳动教育是落实立德树人任务的必要选择，是实施教育强国战略的重要方式，是探求共同富裕本质的可能路径。

119

第一节 师范生劳动教育是落实立德树人任务的必要选择

党的十八大报告明确指出"把立德树人作为教育的根本任务",这为新时代教育事业的改革与发展指明了方向、确立了重心。立德树人这一根本任务包含着"立什么德""树什么人"两个基本命题,立德要"立"的是国家大德、社会公德、个人私德,树人要"树"的是堪当民族复兴重任的时代新人。

一、师范生劳动教育体现德育为先的基本原则

劳动教育作为"五育"之一,既是以立德树人促进德育发展的应有之义,也是深化立德树人根本任务落实的重要推力。

(一)日常生活劳动立德

日常生活劳动是指与个人衣食住行等生活自理相关的劳动,其重点在于强化劳动自立意识,体验持家之道,养成积极劳动、终身劳动的好习惯。[①]教育师范生自觉承担和完成"清洁与卫生、整理与收纳、烹饪与营养、家用器具使用与维护"等日常生活劳动,让自然、生动、丰富的生活实践成为培养自信、专注、友善等优秀品质的重要载体,进而调节自我认知,处理好自

[①] 王飞、徐继存:《三类劳动的划分依据及其育人价值》,《人民教育》2020 年第 8 期,第 15—18 页。

己与他人、与世界的关系，增进和提升自身的秩序感、责任感和成就感，促进健康人格的完善和良好习惯的形成，为未来从教夯实基础，做好"时刻言传身教"的准备。

（二）生产劳动立德

生产劳动是指直接创造产品、生活必需品，以满足国家、社会和个人物质需求与财富积累的活动。因此，要求师范生体悟"劳动创造价值、劳动改变生活"的伟大，树立"尊重劳动者、尊重劳动成果"的正确劳动价值观。[①]引导师范生主动开展和参加农业生产劳动、传统工艺制作、工业生产劳动、新技术体验与应用等生产劳动，以真干、实干、创新的生产实践形塑并强化"劳动最光荣、劳动最崇高、劳动最伟大、劳动最美丽"的价值观念，从而在人的有目的的活动中实现对自然对象及人本身的改造，确立和建构起新时代背景下"要做学生锤炼品格、学习知识、创新思维、奉献祖国的引路人"的职业伦理与道德准则。

（三）服务性劳动立德

服务性劳动是指利用知识、技能、工具、设备等，为他人和社会提供服务，以增进国家与社会公共领域利益和个人福祉的活动。服务性劳动具有明显的公益性、利他性等特点。[②]鼓励师范生积极策划和参与现代服务业劳动、公益劳动与志愿服务等服务性劳动，在"奉献、友爱、互助、进步"的服务性实践中提升助人为乐的获得感、融入社会的参与感，继而培育奉献情怀，增强奉献意识，涵养奉献精神，浇筑"蜡烛""辛勤园丁""灵魂工程师"等种种隐喻之本质的精神基石，无怨无悔地承载起"传播知识、传播思想、

[①] 王飞、徐继存：《三类劳动的划分依据及其育人价值》，《人民教育》2020年第8期，第15—18页。

[②] 王飞、徐继存：《三类劳动的划分依据及其育人价值》，《人民教育》2020年第8期，第15—18页。

传播真理"和"塑造灵魂、塑造生命、塑造新人"的时代重任。

二、师范生劳动教育体现全面发展的总体目标

习近平总书记在 2018 年全国教育大会上强调"培养德智体美劳全面发展的社会主义建设者和接班人"。劳动教育是贯彻党的教育方针的关键环节，也是立德树人根本任务正确落实的必然要求。

（一）以劳增智

人在劳动实践中不仅能够通过劳动本身与外界产生接触，拓展学习空间，拓宽知识面，挖掘发展潜能，使直接经验与间接经验得以融会贯通；而且还能在实践活动中获得新的认知、梳理新的逻辑，实现智慧与本领的增长和提升。[①]加强师范生劳动教育，正是将劳动实践与教师教育的专业学习及职业发展联系起来，激发师范生运用一切科学知识和手段去观察、省思、探究教育及教育发展的现状，深入思考发现问题，开发思维寻求突破，从科学的角度、创造的维度解答困惑、调节矛盾，进而习得从教必须掌握的教育教学理论，练就从教必须具备的教书育人技能。

（二）以劳强体

人可以通过劳动实践实现大脑和神经协同发展，促进头脑、五官、手脚等身体器官的协调与平衡，锻炼人的各方面机能，提升身体素质，为人的进一步发展打好身体基础。[②]加强师范生劳动教育，就是将劳动实践与教育教学对健康身心的培养结合起来，引导师范生深刻认识到自身的身心健康对于未来从教的重要性，从而自发自觉地参加劳动实践，在实践中调适生活、调

---

① 袁圣洁、李前进：《习近平关于劳动教育重要论述的生成逻辑、科学内容与实践路径》，《继续教育研究》2023 年第 3 期，第 7—12 页。
② 袁圣洁、李前进：《习近平关于劳动教育重要论述的生成逻辑、科学内容与实践路径》，《继续教育研究》2023 年第 3 期，第 7—12 页。

整状态、强身健体。只有养成了积极稳定的情绪、阳光向上的心态、健康强健的体魄，才能够去追求"用生命感动生命、用心灵浇灌心灵"的职业价值和人生意义。

（三）以劳育美

劳动实践的过程就是引导人认识美、热爱美、创造美、体会美的过程，同时还是培养人辨别和欣赏美的能力、理解和定义美的能力的过程。[①]加强师范生劳动教育，便是将劳动实践与教师教育的价值认知及职业情感关联起来，唤醒师范生对美的渴望，从而激发对美的追求、增强对美的感受、强化对美的创造，体验自身的生活和职业中存在的内在意义与真正快乐，特别是通过不断努力能够成为中华民族"梦之队"的筑梦人所带来的满足感、愉悦感和幸福感。这一过程不仅让他们获得了精神上的享受，而且激发了他们创造美的潜力。

三、师范生劳动教育体现关注未来的发展指向

习近平总书记在 2018 年全国教育大会上强调"坚持把教师队伍建设作为基础工作"，足以表明教师在新时代教育发展中具有战略性、基础性的重要作用。

（一）立足更为长远

教育的终极理想是实现人的全面发展。师范生如果在接受教师教育的过程中不仅形成了正确的劳动价值观、高尚的劳动精神，还掌握了必备的劳动能力，那么未来师范生从教时才有可能更好地"传劳动之道、授劳动之业、解劳动之惑"，真正担负起"为党育人、为国育才"的历史使命和时代担当。

---

① 袁圣洁、李前进：《习近平关于劳动教育重要论述的生成逻辑、科学内容与实践路径》，《继续教育研究》2023 年第 3 期，第 7—12 页。

力争做"经师"和"人师"相统一的好老师，努力培养德智体美劳全面发展的中国特色社会主义合格建设者和可靠接班人，这样才能更好地体现师范生劳动教育的长远谋划。

（二）立意更为深层

教育的根本价值在于对历史文化的传递和创生。师范生应当增强"传递历史文化、传承历史文化"的智慧与本领，站在国家前途和民族命运的战略高度来思考和实践劳动教育，传承中华优秀传统文化，弘扬革命文化，发展社会主义先进文化，使劳动教育始终服务于中国特色社会主义伟大事业，始终服务于实现中华民族伟大复兴的中国梦，不断推动文化的传承与创新，立志做教育改革与发展的奋进者、实践者，这样才能更好地体现师范生劳动教育的深层追求。

第二节　师范生劳动教育是实施教育强国战略的重要方式

2018 年 5 月,习近平总书记同北京大学师生座谈时指出:"教育兴则国家兴,教育强则国家强。"由此可见,教育具有至关重要的地位和作用。因为,国家综合实力的竞争,说到底是人才的竞争;而人才的竞争,必然离不开教育。中国特色社会主义进入新时代,教育发展必须面对新的更高要求和更大挑战。

一、师范生劳动教育促进教育体系更加完善

教育要实现对人的培养,必定绕不开对受教育者阶段性特质的有效关注、认知发展特点规律的科学把握及多元要素协同促进的合理调用。劳动教育是推进大中小学一体建设、家校社会协同作用的实践样本。

(一)大中小学一体

劳动教育必须体现劳动之于人的存在、之于人类社会的改造的价值,否则既可能失去"仰望星空"的站位,也可能失去"脚踏实地"的品格。[①] 推进新时代大中小学劳动教育一体化建设,是从劳动教育的基本规律、受教育者的接受规律和认知发展规律出发,由易到难、由浅入深逐步实现受教育者

---

① 杨晓峰:《从劳动教育的本质反思劳动教育的实施》,《中国德育》2017 年第 10 期,第 20—23 页。

劳动认识提升、劳动观念确立、劳动素养涵育、劳动行为外显的连续性、过程性、进阶性的现实需要。加强师范生劳动教育，有助于师范生通过自身受教育的过程来感知和把握事物"螺旋上升、波浪前进"的发展规律，树立循序渐进、分阶段推进的教育教学观念，不仅可以在未来从教的劳动教育中分析、结合不同学段学生的认知特点来选择相契合的教育内容、教育方法，更重要的是这样的实践考量可以深刻影响到德育、智育、体育和美育的实施，有助于解决不同学段教研设计条块分割、内容结构交叉重复等客观存在的问题，以提升大中小学劳动教育一体化、探索大中小学人才培养一体化等一体发展的可能性及可行性，提升相邻学段衔接、"五育并举"贯通的有效性。

（二）家校社会协同

马克思认为，"人的本质不是单个人所固有的抽象物，在其现实性上，它是一切社会关系的总和"[①]。推进劳动教育中家庭、学校、社会的协同，从事物普遍联系与永恒发展的基本原理来看，家庭、学校、社会分别承载了劳动教育的基础、主导、支持的功能和作用。加强师范生劳动教育，有助于师范生通过自身受教育的体验来理解和践行"生活即教育、社会即学校、教学做合一"的教育理念，形成横纵联动、多方协作的人才培养思路，既要在未来从教的劳动教育中充分体现新时代劳动教育的思想性、社会性和实践性，还要让这种属性特点逐渐融入家庭的家教家风建设、学校的教育教学改革、社会的道德风尚提升中，构建全过程、全方位教育机制及劳动教育家校社会协同育人模式，发挥出不同主体在立德树人过程中的各自优势。

[①] 中共中央马克思恩格斯列宁斯大林著作编译局：《马克思恩格斯文集（第一卷）》，北京：人民出版社，2009 年版，第 501 页。

二、师范生劳动教育促进育人目标更加聚焦

劳动者素质对一个国家、一个民族发展至关重要。[①]劳动教育是教育的重要内容，是提升人的综合素质和实现人的全面发展的重要途径。

（一）善于实践

实践是认识的基础，也是认识的目的。劳动教育是将"活性劳动知识""感性劳动知识""理性劳动知识"不断融合、相互转化的动态平衡过程。[②]加强师范生劳动教育，不仅着眼当下使师范生理解"知行合一"的必要、领悟"做'四有'好老师"的重要，而且放眼未来使师范生获得从教后寻求专业发展的不竭驱动力。只有实践，而且善于实践，才有可能摆脱仅仅是谋生手段的劳动的束缚、摆脱接受教育和训练的限制，孜孜追寻教育本身的价值和职业存在的意义。

（二）善于合作

合作本身就是一种协同劳动。劳动教育不排除个人独立劳动，但是更多的劳动的形态和内容都是社会性、合作性、集体性的，其中生产劳动与服务性劳动尤为明显，即使是日常生活劳动也不能脱离劳动的社会属性。[③]加强师范生劳动教育，引导师范生既要关注自身的专业学习、职业成长，还要关注与身边同学的共同进步，与老师、家长及社会相关力量的协同。只有合作，而且善于合作，才有可能有效统筹和调用各种要素、资源，形成协同育人的良好态势和氛围。

---

① 习近平：《在庆祝"五一"国际劳动节暨表彰全国劳动模范和先进工作者大会上的讲话》，北京：人民出版社，2015年版，第9页。
② 刘向兵、赵明霏：《构建新时代高校劳动教育体系的理论逻辑与实践路径：基于知识整体理论的视角》，《中国高教研究》2020年第8期，第62—66页。
③ 郝志军、哈斯朝勒：《家庭、学校、社会协同是推进劳动教育的根本渠道和途径》，《人民教育》2020年第8期，第23—26页。

（三）善于创新

创新始终是一个国家、一个民族发展的重要力量，也始终是推动人类社会进步的重要力量。[①]劳动是人类有意识地认识和改造世界的活动。加强师范生劳动教育，不仅为了让师范生保持好奇心、想象力，敢于大胆实践创新想法，更是为了培养适应未来劳动新业态的高素质劳动者，做好教师队伍建设的基础储备。只有创新，而且善于创新，才有可能为国家和民族谋求更好的发展、更大的未来。

三、师范生劳动教育促进社会更加进步

劳动是人类的本质活动，劳动光荣、创造伟大是对人类文明进步规律的重要诠释。[②]要通过劳动教育促进社会进步，就要实现每个人的进步，而每个人的进步则表现为对劳动价值的认同及对劳动行为的践行。

（一）劳动创造财富，也创造人本身

劳动教育的价值取向在于树立正确的劳动观。"劳动过程是物质资料获取和人的精神丰富相统一的过程，是个人价值和社会价值相统一的过程"[③]，"尊重劳动"的实质是"尊重人本身"。加强师范生劳动教育，就是希望师范生从更深层次把握劳动的价值及意义，自觉将个人的物质实现与精神追求统一起来、将专业素养提升与职业价值显现统一起来，在未来从教实践中积极弘扬以做普通劳动者为荣的文明风尚，在激发全社会劳动活力的同时也能尽显劳动者的奋斗热情、释放劳动者的创造潜能。

---

① 习近平：《习近平谈治国理政（第二卷）》，北京：外文出版社，2017年版，第267页。
② 本书编写组：《习近平总书记教育重要论述讲义》，北京：高等教育出版社，2020年版，第65页。
③ 黄瑾、吴任慰：《习近平关于劳动教育的重要论述及其理论品格》，《福建医科大学学报（社会科学版）》2022年第6期，第32—37页。

（二）劳动是为自己劳动，也是为社会劳动

劳动创造幸福。[①]首先，人通过体力、智力的消耗获得了自身需求的满足，创造了幸福生活；其次，人的主观愿望变成了现实，获得了精神上的满足，产生了幸福体验；最后，人民对美好生活的向往是更高层次的需求，也是主体更广、层次更高的幸福[②]。加强师范生劳动教育，就是希望师范生从高站位落实"辛勤劳动、诚实劳动、创造性劳动"的价值理念，深刻明白人的全面发展离不开生产力的发展，推动生产力发展的关键在于培养一大批爱劳动、会劳动、能创造的高素质人才，在未来从教实践中必须发挥劳动教育培养人才的重要作用，以劳动赋能助力实现中华民族伟大复兴。

[①]《习近平向全国广大劳动群众致以节日的祝贺和诚挚的慰问》，《人民日报》2021 年 5 月 1 日，第 1 版。
[②]黄瑾、吴任慰：《习近平关于劳动教育的重要论述及其理论品格》，《福建医科大学学报（社会科学版）》2022 年第 6 期，第 32—37 页。

第三节 师范生劳动教育是探求共同富裕本质的可能路径

2021年8月，习近平总书记在中央财经委员会第十次会议上指出："共同富裕是社会主义的本质要求，是中国式现代化的重要特征。"共同富裕要惠及、覆盖全体人民，要达成人民群众物质生活和精神生活都富裕的目标，共同奋斗是实现共同富裕的根本途径。

一、师范生劳动教育是创造物质富裕的必要前提

劳动教育的现实目的是让人树立劳动创造幸福生活的观念、激发劳动创造幸福生活的热情、提升劳动创造幸福生活的能力。

（一）增强劳动实现物质富裕的主体自觉

加强师范生劳动教育，培养"崇尚劳动、尊重劳动"的师范生，既是教师教育立足当下的笃定选择，也是教育事业面向未来的必然要求。其一，师范生理解和形成马克思主义劳动观，有利于自身从根本上抵制错误的劳动思想，可以在将来实施劳动教育时坚持正确的劳动价值观，落实"教育与生产劳动相结合"的教育方针，营造尊重劳动、尊重知识、尊重人才、尊重创造的良好氛围，引导受教育者确立"劳动创造美好生活"的理性认识与实践意识。其二，师范生认同和具备"勤俭、奋斗、创新、奉献"的劳动精神，有利于

131

自身铸就崇高的理想和坚强的意志，可以在将来实施劳动教育时重视社会主义核心价值观的引领，加强爱国主义、集体主义、社会主义教育，将个人理想与国家前途、民族命运联系起来，引导受教育者形成"劳动创造美好生活"的实践主动性和持久性。如此，劳动实现物质富裕才有了一代一代劳动者脚踏实地的思想自觉、久久为功的行动自觉。

（二）扩大劳动实现物质富裕的主体参与

加强师范生劳动教育，培养"勤于劳动、善于劳动"的师范生，既是教师教育功在当代的正确之举，也是教育事业利在千秋的睿智之策。其一，师范生能够掌握满足生存和发展所需的劳动能力，有利于自身更为深切地言传身教，从而在将来实施劳动教育时大力弘扬中华民族勤劳美德，倡导"努力奋斗创造闪光人生"的价值导向，宣传劳动模范、大国工匠、技能精英等杰出人才的先进事迹，引导受教育者涵育"劳动成就伟大事业"的进取情怀和实干品质。其二，师范生能够形成良好的劳动习惯，有利于自身更加自然地躬亲示范，从而在将来实施劳动教育时关注每一个人的身心发展，坚持以人为本的教育理念，宣传普通劳动者默默无闻的辛勤劳动的精神，引导受教育者形成"劳动成就伟大事业"的行为潜意识及本能性。如此，劳动实现物质富裕才有了一代一代劳动者接续奋斗的全民参与、人人奋进的社会参与。

■ 二、师范生劳动教育是实现精神富足的可行策略

劳动教育的历史目的是使人明确劳动创造更高文明的认识，增强劳动创造更高文明的信心，激励劳动创造更高文明的实践。

（一）以教育发展促进教育公平

教师是教育发展的第一资源。随着大数据、云计算、物联网、人工智能等信息技术的迅猛发展，生活生产劳动的工具、对象、方式、技术等已经发

生了改变。加强师范生劳动教育，培养适应数字生产时代需要的高素质专业化教师队伍的接续力量，以教育信息化推动教育协调优质发展，推进全体人民更多更公平地共享教育发展成果。加快教育现代化，再以教育现代化支撑人的现代化与国家的现代化，进而激发人对"尊崇科学、探寻真理、弘扬民主、恪守法治"等更高精神追求的向往。

（二）以教育公平促进社会公平

教育公平是实现社会公平的重要手段。新时代我国社会的主要矛盾在教育领域表现为人民对更优质、更公平的教育的需求与教育发展不平衡、不充分的现实之间的矛盾。加强师范生劳动教育，为培养坚持"有教无类"教育理念的中华民族"梦之队"筑梦人的赓续力量，以教育公平保障人民平等参与、平等发展的权利，奠定每个人实现出彩人生的基础，进而激发人对"知识改变命运、拼搏成就人生、奋斗收获快乐"等更高精神享受的憧憬。

第五章

师范生劳动教育
课程建设的实践思考

　　师范生劳动教育课程建设是对师范生劳动教育的目标、内容、方式的规划与设计，是教学计划、教学大纲等诸多方面实施过程的总和。基于对师范生劳动教育及其培养的逻辑考量，师范生劳动教育课程建设可以从"确定目标、选择内容、优化路径、课程评价"4个方面建构现实理路，从"现实中生发、改变中成长、超越中生成"3个维度探寻实践逻辑。

135

第一节　师范生劳动教育课程建设的现实理路

师范生劳动教育课程建设的现实理路，大致可以归纳为劳动教育目标、劳动教育内容、劳动教育路径、劳动教育评价。劳动教育目标需要通过对日常生活的分析与研究，并结合师范生的兴趣确定内容的选择，并在此后进行具体的路径优化，使课程建设趋向完整有效，再实施评价来监测、检验，以明确课程目标的达成。这也正与泰勒提出的课程开发框架，即目标、内容、教学（实施）和评价一脉相承。具体建设框架如图 5–1 所示。

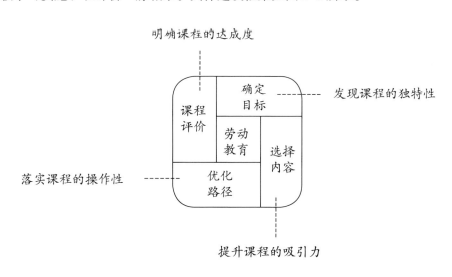

图 5–1　劳动教育课程建设框架

一、确定目标：发现课程的独特性

确定目标是劳动教育课程建设的第一步，也是关键的一步。课程建设中需要考虑培养人应具备的劳动素养并发掘劳动教育课程区别于其他课程的本质特征和独特价值。目标越明确具体，越具有可行性，也就越容易实现，可以从以下 3 个方面进行说明。

（一）考虑培养什么人

不同时代、不同社会赋予劳动教育课程不同的意义和目的，培养人的目标也会有所变化。

1. 大政方针

习近平总书记多次强调，课程教材要发挥培根铸魂、启智增慧的作用，必须坚持马克思主义的指导地位，体现马克思主义中国化最新成果，体现中国和中华民族风格，体现党和国家对教育的基本要求，体现国家和民族的基本价值观。党的十八大以来，党和政府非常重视劳动教育对于学生发展的意义，针对劳动教育进行了系统的规划与部署，颁布了关于加强劳动教育的各类文件，全面设计与指导了劳动教育体系的构建、劳动教育的组织实施、劳动教育的支撑保障等等。政策方向是设计师范生劳动教育课程的重要依据。劳动教育课程培养的对象是适合新时代要求的未来劳动者，其具备的劳动素养应是时代所需、未来所期、个人所依。

2. 课程特性

劳动教育课程具有的交叉性可以使其作为一个切入点，寻找各个学科中德、智、体等与劳育的内在关联性，并使各个方面相互融通。因此，可以整合学科教育与劳动教育，构建资源丰富、形式多样的劳动教育体系，有效推进劳动教育常态化实施。我们可以挖掘不同学科领域中关于劳动的一切并运用起来。例如，小学语文方向的师范生，应要掌握挖掘语文课程中劳动元素的能力，并结合语文的文学性、知识性培养学生的劳动意识，如课文《悯农》《落花生》《小岛》中都有关于劳动种植的知识，可以用这些知识引导学生形成热爱、尊重劳动的态度；小学数学方向的师范生要深刻理解劳动在生活中的作用，如课文《烙饼问题》《数学广角——优化》《平行四边形的面积》都涉及以生活为场景的劳动知识，应适时引导学生形成让劳动成为一种生活方式的观念。另外，针对各学段各学科的不同特性，要求师范生把握相应的学科特点并掌握对应的教学能力。最终，要创造性地将学科内容进行整合、编排，有效推进劳动教育课程建设，将劳动育人的价值充分发挥出来。

3. 现实导向

2022 年，教育部印发了《义务教育课程方案和课程标准（2022 年版）》（以下简称《新课标》），其中规定了教育目标、教育内容和教学基本要求，提出坚持目标导向，增强课程思想性，体现了国家意志在立德树人中发挥着关键作用。[①]值得一提的是，《新课标》将"劳动"从原来的综合实践活动课程中完全独立出来。教育部还发布了《义务教育劳动课程标准（2022 年版）》，指导中小学落实劳动教育。师范生作为未来教育工作者，同时也是未来劳动教育的"推手"，理应跟着"指挥棒"将劳动教育扎根在中小学，培养德智体美劳全面发展的时代新人。另外，我国积极转变教育观念，颁布了《关于进一步减轻义务教育阶段学生作业负担和校外培训负担的意见》（以下简称"双减"政策），其中明确要求扎实推进立德树人这一根本任务，着眼建设高质量教育体系，进一步挣脱应试教育的枷锁，营造良好的教育环境，这是

[①] 教育部：《义务教育课程方案（2022 年版）》，北京：北京师范大学出版社，2022 年版，第 1 页。

培养高质量、全面发展的人的前提。[①]劳动教育课程不仅填补了学生在"双减"政策颁布后空余出的时间，同样也是作为切入点发展德智体美的重点课程。

4.时代特征

马克思与恩格斯提出的"教育与生产劳动相结合"思想，是马克思主义教育理论的重要原理。[②]教育与生产劳动相结合在不同时期被赋予不同的形式与内容，体现出稳定性与时代性的特征。教育与生产劳动相结合需要现代劳动者掌握科学知识和先进技术，使脑力和体力协同发展，并致力于生产劳动。因此，教育与生产劳动相结合，其实是由劳动者参与的"生产劳动—科学技术—教育"循环作用的过程。教育与生产劳动相结合是以科学技术作为中介产生并相互影响，促进生产劳动、教育与科学技术的共同发展。可见，科学技术人才的培养是劳动教育课程建设的重要指向，是教育与生产劳动相结合的聚焦点。新时代劳动教育课程建设的目标是培养既拥有劳动精神又掌握科学技术的智慧型、创造型的现代劳动者。找到能实现此目标的渠道，也就找到了通往劳动教育课程建设的大门。

（二）关注面对什么人

1.关注人的自主性

人本身具有主体性内涵，人的内在力量可以迸发出巨大的能量，通过劳动实践活动，人不仅在改造自然，同时也在不断改造自身，从而实现从"他律"到"自律"。劳动教育课程建设的过程中不能忽略师范生的主观能动性，应在课程建设中从教育对象的经验、心理、情感方面考虑与设计。尝试以师范生为中心，分析教育对象在成长过程中经历的劳动教育活动，包括喜欢与厌

---

① 中共中央办公厅、国务院办公厅：《中共中央办公厅 国务院办公厅印发〈关于进一步减轻义务教育阶段学生作业负担和校外培训负担的意见〉》，http://www.moe.gov.cn/jyb_xwfb/gzdt_gzdt/s5987/202107/t20210724_546566.html，2021-07-24。
② 张畅：《马克思人的本质思想研究》，吉林大学博士论文，2021年12月1日，第1—2页。

弃的劳动教育活动，并分析其从中获得的经验与情感体验。基于兴趣，才能对劳动持有积极态度，才愿意去尝试后续设置的劳动方式与内容等，从而将人自我的内在生存、内在生活、内在生命作为逻辑起点，通过自主实践过程，完成正确的态度、情感、价值观的塑造。

2. 关注人的创造性

马克思所言，"整个所谓世界历史不外是人通过人的劳动而诞生的过程，是自然界对人来说的生成过程"[①]。在生产劳动的创造性活动中，人实现了由适应性向超越性的迈步，能够自主地按照内在的尺度去把握和改造现实世界。STEM 教育是以科学（Science）、技术（Technology）、工程（Engineering）、数学（Mathematics）为核心的跨学科教育，是集解决问题、创中学、设计制造与协作研究为一体的全新教育综合实践。STEM 教育不只在于内容与形式的革新，更注重师范生的思维拓展与社会性成长。Tinker 教育专注于修补，重视对原有材料和工具的改进，培养师范生的修补思维和工匠精神，具有即兴、沉浸、迭代、开放的特征，体现出开放式设计的特点，突显学习者的自由性与创造力。创客教育强调知识的发现与创新，注重结构的构建与重组，是以创意、整合、实践、分享等创客精神为指导的学习活动。STEM 教育、Tinker 教育、创客教育的共同点是基于问题的创设，以技术与工程为支撑，以培养思维为重点，以创新实践为行动目标，这与新时代劳动教育的培养要求不谋而合。可见，以技术与工程的学习和实践为切入点，培养工匠精神与工程思维，可以实现劳动教育的培养目的。

（三）思索怎么培养人

1. 配置优质队伍

组建优质的劳动教育教师队伍是推进师范生劳动教育课程建设的有力途

---

① [德] 马克思：《1844 年经济学哲学手稿》，北京：人民出版社，2000 年版，第 92 页。

径之一。《关于全面加强新时代大中小学劳动教育的意见》要求学校在课程开发时配置高素质的劳动教育师资队伍，因为师资结构与教学能力是支撑课程目标实现的重要因素。挖掘教师在劳动教育中的潜力，促进团队群策群力，让课程目标具有综合性的特点。从师范类院校的基本情况和教师队伍的现实情况出发，深入分析教师资源队伍的结构及教师队伍的教学能力，使其契合课程目标的设置安排。

2. 考虑环境因素

结合现实地理环境与社会大环境因素来考虑设计。考虑师范类院校所处地理环境的特点，如校内公共资源、周边产业和服务业情况，去拓展培养渠道，因地制宜地进行培养与建设，结合社会的需求和未来职业，进行实践拓展方面的考量，让课程目标具有可操作性和可持续性的特点。劳动教育课程还可以根据师范类院校所属地区的地方特色进行设计和开展，从而建设具有地方人文特色的精品劳动教育课程。

3. 完善师资考核

只有通过较为严格的审核标准的教师才能更好地成为师范生的榜样，用自身的良好素质来引导师范生。因此通过完善考核评审机制，严格把关劳动教育师资的素质提升，是提高整体教师水平的重中之重。细化考核措施、优化考核项目，将劳动教育的各项任务纳入考核，强化教师的参与意识，营造师范生劳动教育课程实施的良好氛围。

二、选择内容：提升课程的吸引力

劳动教育需注重内容的承接性和发展性，在内容选择上不能将各种活动割裂开来。目前大中小学都在开展劳动教育，提倡任务群组，将劳动教育课程分组块进行。依据生活、生产、服务等类别，在课程内容选择上可从以下

3点进行思考。

（一）从课程的角度厘清劳动教育相关问题

1. 抓住课程价值

从课程理论的角度来看，所有课程都包含着劳动教育的元素，这样劳动教育似乎就没有了作为课程建设的必要，这样的认识显然有些片面。麦克·扬所倡导的社会实在论，我们可以理解为劳动教育作为一门课程存在，一定具备这门课程所特有的强有力的知识，即被专家认可的安全而稳定的知识，并让师范生设法去学习那些强有力的知识，在更高层次上感受这些知识的价值。这些明确被选入劳动教育课程的内容必须是在其他课程中无法集中并迅速获得的内容，并且是符合培养目标的核心内容。

2. 落实课程意识

劳动教育课程的落实关键在于课程开发者或教师的课程意识，要以独特的课程意识为基础，再结合目标、教学、评价等维度整体规划教育活动和完善行为方式。因此课程开发者或教师应从课程建设的角度厘清劳动的相关问题：关于劳动的概念、劳动的要素、劳动区别于工作、学习、娱乐甚至商业活动的核心特征，逐步解答什么是劳动、什么是师范生的劳动、什么是师范生的劳动课程，才能更好地设计课程，更好地将劳动教育课程中的师范性与中小学的劳动教育融合，落实劳动教育课程的核心素养，达到学以致用的效果。追寻问题越彻底，对概念的理解越深刻，就能越清晰地选择教学内容。

（二）选择劳动教育中的不可替代性内容

1. 挖掘独特内容

挖掘劳动教育领域最强有力的知识，辨析选择此内容而不是彼内容的原因，即厘清选择的劳动教育内容存在哪些不可替代的价值。这也间接为劳动教育内容的选择提供了标准。选择劳动教育课程的内容时要考虑不可替代性，即选择的实践活动拟取得的效果是其他课程无法实现的，如运动、炒股就不适用，也就不应该成为劳动教育课程的内容。挖掘的内容应对师范生的精神、思想强化有所裨益，可以从日常生活劳动、生产劳动、服务性劳动 3 个主方向入手，找到细小的行为习惯。例如，在日常生活劳动中可以考虑让师范生进行个人卫生的清洁与整理、烹饪等，让其产生完成日常小事的成就感、满足感，体会劳动创造美好生活的幸福感，养成认真负责、吃苦耐劳的劳动品质；在生产劳动中，可以体验各种工作，参观企业和工厂，了解各行各业的运作情况，创设情境学习劳动模范和在平凡岗位上奉献奋斗的普通劳动者的事迹；在服务性劳动中，可以参加值日管理、社会公益活动，亲力亲为力所能及的社会事务，扩充劳动教育内容，加强师范生劳动价值观念教育，让他们形成良好的劳动素养。

2. 实现知行合一

在学科课程中，一些知识和技能都在直接或间接地与生活中的劳动场景相交互，因此劳动教育融入学科课程就成了劳动内容的一种选择。充分挖掘学科课程中相关的劳动教育资源是劳动教育独有的特征，各门课程的教师需创新劳动教育途径，丰富劳动教育形式，扩充劳动教育内容，使学科教学与劳动教育自然地结合起来。挖掘不同学科领域的学科特点，如小学语文学科的文学性、小学数学学科的逻辑性、小学道德与法治学科的德育性等，创造性地将学科内容进行整合、编排，有效推进劳动教育常态化实施，将劳动育人价值充分发挥出来。引导师范生树立正确的劳动观念、掌握基本的劳动技能和形成良好的劳动品质，再有机渗透劳动教育理念，从而真正达到知行合一。

（三）依据劳动教育对象的身心特点具体安排

1. 合理选择

在劳动教育内容的选择过程中，可根据劳动对象的年龄特点对课程目标进行分解，按需要程度和适配程度进行梯度划分，按目标实现的难易程度进行综合考量，对劳动强度进行合理化区分。同时，进一步细化劳动构成的比例，再从劳动知识的感知、劳动技能的培养、劳动价值观的感悟等方面依据不同阶段师范生专业学习和职业成长的需要及特点，循序渐进、由易到难、由简单到复杂地安排具体的劳动内容。在选择的内容承接上，每个阶段的衔接都是在原先已学能力的基础上发展的。

2. 综合考量

《关于全面加强新时代大中小学劳动教育的意见》强调，要广泛开展劳动教育活动，其中包括日常生活劳动，注重在个人生活自理中寻找自我本真，体验持家之道来强化自立意识，这是学生健康成长、适应社会生活的基础。劳动教育以师范生生活经验为起点，为更好地发挥劳动功能，应营造指向师范生生活的教育环境，注重师范生在生活中的自我发展及能力锤炼，从而实现劳动综合育人功能。劳动教育内容的选择可以基于对师范生未来发展来考虑：如是否适应未来生活与工作的需要、是否能对未来生存提供基础性帮助和服务。在考虑课程使师范生提升综合能力的同时，教师更需注意课程内容的连通性，避免有重复简单劳动、操作过难劳动的情况，使师范生的劳动素养呈现阶梯式上升，让每个师范生在劳动中充分发挥所能与所长。

三、优化路径：落实课程的可操作性

为更好地落实课程的可操作性，优化相关路径，应在课程实施之前进行详细而充分的自我认证，在课程实施之中时刻关注师范生的学习进度，在课程实施之后尽快落实考核制度，完善课程体系。

（一）实施之前进行自我认证

优化路径所要聚焦的重点是如何科学有效地对选择的内容进行教学。在课程正式实施之前，可以先进行自我认证，具体可以从以下几个方面进行：课程选择的途径是否可以帮助师范生更好地学习内容，课程选择的方法是否可以让师范生更好地理解和实践内容，课程选择的内容是否与师范生的发展相适应，课程选择的成长阶段是否与师范生当前的发展状况相适应，课程选择的形式是否与师范类院校所属地区的特色情况相结合。

（二）实施之中关注学习进度

在落实劳动教育课程的可操作性过程中，要关注师范生的学习进度。每位师范生的学习进度会有所差异，因此要在实施过程当中进行个别化教学指导，因人而异分配对应的任务。重视实践环节，注重体力与脑力、不同难度任务的分配，让师范生既有选择权又感受到挑战性，能按照自己喜欢的方式学习与成长，从而达到良好的学习效果，促进劳动教育螺旋式发展。对学习进度较快的师范生，分配难度较大的学习任务，并且引导学习进度较快的师范生帮助学习进度较慢的师范生，组成一对一的学习小组；对学习进度较慢的师范生要耐心指导，布置难度较小的任务。通过记录师范生的学习进度，师范生的学习情况可以得到及时的反馈。

（三）实施之后落实考核制度

同时，落实课程可操作性需要一套可行的考核制度作支撑，从而避免出现流于形式或蒙混过关的情况。对于考核制度要进行全局性的设计，并在劳动课程实施的过程中保留一定的弹性和自主性，从而发挥每位师范生的特长与优势，促进师范生自觉地进行劳动知识与劳动技能的学习与实践。考核制度的设立是为了督促师范生进行更加系统的学习，巩固师范生所学的知识与提高师范生的技能，检查师范生对所学知识的理解、掌握程度和技能的运用情况，同时检查教学效果，改进教学方法，从而促进教学质量的提高。对于考核，应根据教学大纲制定考核标准，确定命题的范围和要求。

四、课程评价：明确课程的达成度

课程评价是激发师范生兴趣、调动师范生内驱力的重要手段，也是学校开展教育教学的重要环节。通过了解师范生的表现，能够对劳动教育状况进行实时监测，及时反馈并为师范生提供意见，从而能够满足师范生发展中的需求，激发他们的潜能，帮助师范生朝着正确的方向学习。

（一）评价有目标

课程评价方案要依据课程目标来设计，注重过程性评价与发展性评价、质性评价与量化评价的有机统一，将师范生是否愿意劳动、热爱劳动、坚持劳动，是否体现创新精神、工匠精神和劳模精神，在协同劳动中是否产生内驱力等作为课程评价的重要指标。评价方案要和课程目标相契合，要做到有迹可循，评价有目标才能更好地判断师范生当前的情况。

（二）评价有依据

课程评价要有依据，不能只凭主观判断。师范生现有的认知水平、兴趣指向、身心特点等是生成评价的依据。因此，在评价过程中，教师要主动搜集"证据"，不仅包括对学习结果的测评，也包括对学习状态与学习行为表现的观察。同时，课程评价不是定性评价，不能给师范生和教学效果贴上意识形态的标签，或给师范生一个等级作为对师范生劳动成果的判断。劳动一旦有了功利性，就很可能失去原动力，从而影响教育效果。评价应注重促进教与学方法的提升，重视道德、意识、精神层面的自我评价等。总之，所涉及的评价依据必须是可实现的、可测量的。

（三）评价有维度

对于师范生劳动教育课程的评价应是多元的，不能局限在单个维度里。

不论是理论性课程还是实践性课程，想要对师范生劳动教育成效形成相对客观的评价，都应将评价的主体延展到课堂内外的各个层面，如通过教师评价、师范生自评、同学互评、实习考评等多样化评价方式形成考核结果。教师要学会引导师范生参与评价，给予师范生充分参与评价的机会。同时，在教学中，教师应尊重每个师范生的个性特征，允许师范生从不同的角度，用自己独特的方式去表达。坚持多主体评价方式是落实和改进师范生劳动教育课程的一个重要环节。在劳动教育课程评价的具体方式上，可将劳动知识问答、劳动技能竞赛、劳动任务打卡、劳动日志、劳动实践记录、劳动代表作等劳动表现性内容与以专业为单位进行的劳动教育项目评价等相结合。劳动价值观的内化是师范生自律的深化过程，主动劳动的外显行为正是内在热爱劳动的情感的体现。因此，进行课程评价既要关注外在的行为表现，又要从具体的行为方式中探知师范生内心，从而得知师范生是否获得积极的劳动情感，是否被激发出劳动热情，是否会主动、自主劳动。

第二节 师范生劳动教育课程建设的 实践逻辑

师范生劳动教育课程建设的基本逻辑是在各类政策的指引下，在深刻认识劳动教育价值的基础上，坚持以劳动实践为主体，以劳动精神为核心，注重个体发展，通过多种培养途径和多样化培养模式，构建全员参与的劳动教育体系，培养师范生劳动意识、劳动能力和劳动素养，为师范生未来职业的发展打下良好的基础。

一、在现实中生发劳动意识

劳动教育在现实生活中生成，这意味着对于个人而言，劳动需要一定的自主性，即自己愿意去劳动才能收获劳动真知。需要注意的是，马克思主义指出，劳动是创造财富、创造进步的重要途径，而在劳动推动社会发展之际，我们需要展望未来，紧跟时代步伐。

（一）回归生活：寻找自我本真

陶行知说过："教育的根本意义是生活之变化。生活无时不变，即生活无时不含有教育的意义。"[①]教育源于生活又回归生活，新时代的劳动教育

---

①陶行知：《陶行知全集（第三卷）》，成都：四川教育出版社，1991年版，第246—271页。

倡导在生活中劳动。这里可以有以下多重实践选择。

第一类是具备一定的学习力、创造力且对学习有一定热情的师范生，他们能够长时间专注地、有方法地学习，并期望在学习中提高创造力。针对这类师范生，可以从他们的个性和需要出发，制订一套具体可行的方案，提供一定的自然资源与物力，唤醒他们学习的内驱力，让师范生在自由的时空中真实地与自我对话，在劳动的行为中锻炼自己的能力。

第二类是有学习愿望但不够强烈的师范生，他们的内驱力较弱，学习成就感较低。针对这类师范生，不能以高视角和强姿态过分要求他们，要尽可能激发他们学习的自信心，并给予他们适当的指导；也不要苛求他们完成精美的成品，半成品的开发或许可以让他们战胜畏难心理，让他们萌生探索的好奇心，让他们体验成功的喜悦，从而可以较大程度地激发他们的求知欲，提高他们的自主学习能力。

第三类是没有太多想法也不愿主动学习的师范生，他们学习的兴趣不浓、动机不足。针对此类师范生，要将指导贯穿全过程；可以将劳动教育具体化，如对手工业、种植业、服务业、销售业、农业等进行分类选学，将手工业与非遗、种植业与当地农业、服务业与勤工俭学、销售业与当地商业、农业和互联网结合等，给师范生提供学习"菜单"，将劳动教育置于课程之中或课程之外，在课程中培养师范生的核心技能与素养；在课程之外，培养师范生劳动兴趣，拓展实践空间。

（二）回归自主："你要"变"我想"

陶行知提出，教育应当培植生活力，使学生向上长。也就是说，把劳动教育有机融入日常生活与学习中，营造适宜的自由劳动环境与氛围，使师范生在个体与环境良好的互动中萌发积极的劳动情感，促进个体成长。劳动教育对于师范生而言不是"捆绑"，不是机械地传授知识，也不是将师范生当作知识的容器和劳动的机器，而是让师范生在现实的浸润中理解劳动对于个人成长的意义，对于未来生存的意义，唤起他们的主体意识。在传授知识、技能的同时，要充分发挥师范生的积极性，将劳动的主动权交给师范生。由此实现从以学校为主体的"你要"变成以师范生为主体的"我想""我爱"，即他们自主自觉感受劳动的重要性，萌生个人兴趣，并致力于劳动，在劳动中寻找存在的意义与价值。例如，通过创设真实情境引导师范生沉浸式体验劳动的乐趣，提升他们利用所学知识、技术、方法创造性解决实际问题的能力，给予师范生未来就业和创业的体验，激发他们的潜能，从而创造出更多成果，提升他们的社会竞争力。

（三）回归时代：协同未来发展

劳动教育指向师范生的未来生活，注重为师范生的幸福生活做准备。随着信息与数字技术的不断发展，知识劳动、服务劳动、数字劳动等新形态劳动产业应运而生，未来劳动形态也将发生重大变化。当前大多数学校的劳动教育以第一、第二产业如种植业、手工业、工业为主，第三产业的涉及面不广。尽管新兴劳动产业促进了劳动形态的变化与发展，但新兴劳动始终是传统劳动的延续与发展。因此，当前的劳动教育既要将传统劳动视为基础性劳动，充分挖掘劳动育人的文化基因，也要将传统劳动视为过渡性劳动，实现传统劳动与新兴劳动的融合。[①]从生产力角度来看，社会将朝着自动化的信息社会持续转变，所以要加强师范生劳动教育的规范性、发展性和科学性。劳动教育的顶层设计者应用发展的眼光看未来，关注未来科技，协同未来发展，减少师范生从学校直接进入社会所受的冲击，才能使师范生更好地适应未来，满足社会发展的需求。

---

① 林克松、熊晴：《新时代大中小学劳动教育课程一体化建设的逻辑框架与实施路径》，《教师教育学报》2021 年第 6 期，第 46—52 页。

同时，以赛促学，以如"互联网＋大赛"、"挑战杯"竞赛、师范生技能竞赛等一系列大学生学术、科技、创业方面的赛事，来激发师范生的创造力，提高他们的创新创业能力，锻炼他们的团队协作能力和专业技能。如此一来，师范生通过比赛训练，将已有技能和创新思维注入"产品"的设计中，促进劳动成果的积累与优化，增强劳动教育的实效性。

二、在改变中提升劳动能力

师范生需要通过实实在在的劳动实践，从认知劳动教育、投身劳动活动，感受与体悟劳动的快乐和伟大，不断在自我改变中成长。

（一）改变认知观念

劳动教育区别于传统的体力劳动，也不是简单的"劳动＋教育"。劳动教育是一种综合性的、层次更广泛的、具有时代特点的教育方式，涉及认知、情感、精神等方面，是基于新时代要求对劳动内容、劳动形式及教育培养模式进行全方位重塑的过程。劳动教育不局限于"技能培训"或"职业教育"，而是综合性、多渠道、全过程的培养过程，也是一个日积月累的过程。从横向角度看，劳动不是割裂开来的孤立的劳动，而是作为切入点和"黏合剂"，联结德智体美，以培养全面发展的人的过程。从纵向角度看，需要师范类院校依据教师教育规律和师范生身心发展规律设置劳动教育课程教学内容，在内容选择上各有侧重、相互衔接、前后贯通，形成整体性和层次性相统一的师范生劳动教育系统，使各层次内容相互配合形成合力。从全局来看，劳动教育需要家庭、学校、社会的共同支撑，其中家庭是基础方，学校是主导方，社会是责任方。家庭实现劳动意识的培养，学校实现劳动素养的培养，社会实现劳动技术与技巧的培养，学校、家庭、社会协同共育，才能真正实现劳动教育的目标。

（二）改变培养模式和操作方式

在原有的培养模式中，劳动教育被边缘化，很少以课程的形式进入师范生的培养方案之中。要打破原有的培养模式，建立新的培养模式和操作方式。第一，在整体上要重视劳动教育，将其纳入人才培养全过程。可将劳动教育视为独立的通识必修课、专业必修课，也可将其与思政劳育、专业实习实践多方面交叉融合，与人才培养的总体目标相结合，使劳动教育成为覆盖全体师范生、重要专业的教育的组成部分，从而提高师范生对劳动教育课程的重视程度。或者说，师范类院校劳动教育可以分为通识性的劳动教育和职业性的劳动教育，前者是劳动教育的普及版，后者是劳动教育的专业版。[1]第二，在细节上要扎实劳动教育，在建构课程培养模式的同时，具体操作也需有一定指导。比如：师范生在课程学习中，实行进校一人一卡，每张卡均设必修和选修劳动内容，如设计一份劳动规划、组织一次公益劳动、建立一份劳动档案、举行一次毕业劳动展。设计规划是为了让师范生能将劳动做细和做实，真正参与到劳动实践中；组织一次公益劳动是为了让师范生作为劳动组织者更能体会作为劳动者的艰辛；建立一份劳动档案可以让师范生进行自我分析，了解自己劳动的次数和强度，从而及时调整，也便于在毕业时更好地进行评价；举行一次毕业劳动展，以班级为单位，参与展演，这不仅是对劳动成果的分享，也是一个自我肯定和检验的过程。为了避免流于形式，可以根据课时、专业安排设置相应的课程学分、课外学分，课程学分之间可以进行互认与转换，这样就更有利于师范生致力于劳动，体会劳动带来的快乐与满足。

（三）改变成果展示与评价形式

在新时代，我们应善于抓住"互联网＋教育"的发展契机，充分利用信

---

[1] 赵伟：《试论劳动、劳动教育和职业教育的关系》，《中国高教研究》2019年第11期，第103—108页。

息化手段，创新成果展示与评价形式。比如开发劳动教育网上平台，师范生可以在平台上建立个人成长档案，并建立劳动教育探讨、展示、评价网站，师范生可以登录网页，随时上传自己最新的劳动成果，还可以小组为单位，互相鼓励、探讨与评价，共同学习与成长。劳动教育网上平台同样也可以小程序的方式呈现，在智能移动设备上就可以简单操作。另外，成果展示宜采用大家喜闻乐见的形式，如展演、展览、采访等，还可以将这些与短视频、小程序、H5、公众号等相结合使用。

在评价的过程中，要重视自我参照，而不是同伴之间的相互比较。建立自我参照评价标准，注重劳动教育的过程性评价，关注"达标＋成长"结构，在实践中自我修正、自我成长、自我突破。具体操作可以是让师范生建立自我劳动教育档案，在每一次劳动实践过程中及时记录自我成长的轨迹、体会、收获、心得，侧重引导师范生在劳动过程中提升劳动认知、劳动技能、劳动创造能力，从而形成正确的劳动价值观。在评价机制上，要探索建立一套完整的劳动教育评价体系，使劳动教育更加具有针对性、有效性；要建立劳动教育相应等级，并且各等级有具体的评价标准，这样师范生就可以此为参照，去实现更大的提升。

三、在超越中生成劳动精神

劳动教育不是单方面的出力而是多方面的合力，是超越时空形成家校社的协同育人过程。劳动教育以育人为导向、以教育为依托、以职业为出发点，不断促进人的全面发展，在超越中生成劳动精神，以满足未来职业与个人的需求。

（一）超越时空与年龄界限

1. 超越时空界限

劳动教育不应局限于教学时间，更应利用空余时间进行，打通校内外时空。如设计劳动教育闲暇实践单，把握第二课堂实践质量，通过利用假期闲暇时间，提供以项目化为主导的多样化菜单，通过将劳动实践延伸至家庭、社会，增强劳动观念，提高劳动技能，弘扬劳动精神，也为未来的职业与生存做好准备。例如，在元宵节，制作创意元宵，设计和绘制元宵灯；将非遗文化综合融入劳动节，制作 DIY 伴手礼，要求体现相关专业特色。自选主体，4—6 人为 1 个小组，可随意组合，要求每位同学在校期间每年至少参与 1 次社会实践活动，在节假日期间每人每年至少参加 2 次活动，且要求不能重复参与同一节日活动，同时要求了解家乡地区特有的活动，最后制作 PPT 和撰写相关文字说明，在指定网络平台和媒体展示。

2. 超越年龄与专业局限

劳动教育也不局限于同年段与同专业。目前许多课程都是针对同年段或同专业的学生来设置的，而劳动教育课程可以突破年段和专业的界限，采用类似于学校学生社团的方式，以师范生共同的兴趣为基础，让他们根据自己的爱好自由地选择，这样就会出现混年段、混专业的情况。在活动形式上，立足于对师范生专业兴趣的培养、专业技能的培训和专业素养的培育。师范生自发参加、自主活动、自我管理，这些特点对于劳动教育有很大的优势。[1]上述方式充分利用师范生自主参与的兴趣优势，使一群志趣相投的人迅速地聚集，形成更大的合力，从而促进师范生更优质的成长。

---

[1] 王瑾、乔占泽、陈琦：《高校专业社团劳动教育现状调研》，《现代商贸工业》2021年第 36 期，第 80—81 页。

（二）超越单方培养的界限

1. 营造全员育人观念

营造全员育人的观念，将学校、家庭和社会统一纳入培养的过程中，协同进行培养，才能产生更大的力量与更佳的培养效果。

无论是《关于全面加强新时代大中小学劳动教育的意见》还是《大中小学劳动教育指导纲要（试行）》，都强调了集聚家庭与社会的力量进行劳动教育的重要性。就目前现状而言，由于重宣传、轻落实的现实困境，学校、家庭与社会处于分离状态，如能实现从"相互独立—偶然交织型"模式（见图5-2）向"相互合作—密切共融型"模式（见图5-3）转化，营造全员育人的氛围，劳动教育将会取得更佳的成效。

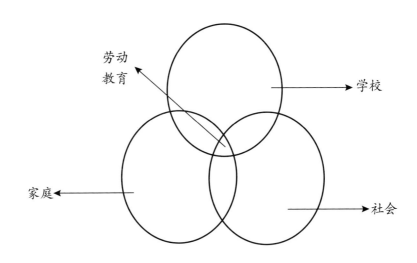

图 5-2　相互独立—偶然交织型

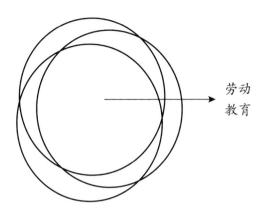

图 5-3　相互合作—密切共融型

2. 家、校、社联合发力

家、校、社协同开展劳动教育，是推进劳动教育由理念走向实践的重要途径。要让劳动教育走出课堂，让师范生进入更广阔的社会中去感受和直面现实生活，自主、合作参与真实的社会活动，实现自由而全面的发展，就需要家庭、社会的全力支持与配合。只有家庭（形成浓厚的劳动意识和劳动氛围）、学校（设置完善的劳动课程和提供丰富的劳动信息）及社会（形成广泛的劳动生产途径和积极参与的氛围）三者合力，才能够更好地促进劳动教育的发展。

在师范生的具体实践中，师范类院校需加强家长对劳动教育重要性的认识，使家长逐步树立起积极为学生创造劳动教育机会的思想意识。充分用好微信、微博等新媒体推送劳动教育微课程、微视频，指导家庭进行劳动教育。

此外，师范类院校可与街道社区、公益机构、志愿服务组织等单位展开沟通合作。例如，寒暑假期间，学校可以组织师范生参与街道社区、公益组织和志愿服务组织所安排的义务支教、社区文化宣传和反诈骗信息宣传等活动，结合自己的专业及所长，为社区发展贡献一分力量。为师范生争取更多促进专业发展、道德成长、品行锤炼的实践机会，使师范生在多样化的劳动实践中体验劳动的不易，感受成功的难得与喜悦，同时也促使师范生在常态化的劳动教育和社会实践中，树立正确的就业观、择业观，养成勤于思考、乐于实践的良好习惯，从而帮助师范生认识劳动的本质和劳动教育的意义。

（三）超越未来职业的界限

社会劳动需要特别重视将劳动教育与职业规划、生涯教育关联起来，让学生在社会劳动中了解和体验各种职业，以动态调整的形式提升自己的生涯规划能力，强化学生的社会情感学习和社会交往能力。[①] 在就业时会有专业与职业并不能完全匹配的情况，这就要求师范类院校在进行劳动教育顶层设计时对师范生的发展有长远计划：在以本专业作为学习支撑的基础上，更应该进行多维角度的渗透，关注师范生的兴趣和未来职业的发展，从而进行理性的思考与选择。在师范生职业生涯规划的调整过程中，劳动教育以专业为基础，又可以突破专业限制进行更广的设计，从而使师范生在选择专业和选择就业时，基于已有的多重劳动能力拥有多元选择。因此，学校的劳动教育，要突破专业之间的界限，充分结合师范生的兴趣，要求不同专业学生之间相互协作，在不同学期开展不同主题或难度的劳动，让师范生体验体力劳动与脑力劳动的不同特点，尊重规律与实际，为未来生活提供更多的可能性。

[①] 刘良华：《劳动教育何以成为"五育"融合的突破口》，《人民教育》2021年第1期，第33—36页。

参考文献

［1］中共中央马克思恩格斯列宁斯大林著作编译局.马克思恩格斯文集：第1卷［M］.北京：人民出版社，2009.

［2］习近平.习近平谈治国理政［M］.北京：外文出版社，2014.

［3］习近平.习近平谈治国理政：第二卷［M］.北京：外文出版社，2017.

［4］杨晓慧.习近平总书记教育重要论述讲义［M］.北京：高等教育出版社，2020.

［5］人民教育出版社.毛泽东论教育［M］.北京：人民教育出版社，2008.

［6］刘石峰.中国教劳结合研究［M］.北京：教育科学出版社，1996.

［7］习近平.在庆祝"五一"国际劳动节暨表彰全国劳动模范和先进工作者大会上的讲话［M］.北京：人民出版社，2015.

［8］何东昌.中华人民共和国重要教育文献（1998—2002）［M］.海口：海南出版社，2003.

［9］忻福良.各国高等教育立法［M］.上海：上海交通大学出版社，1992.

［10］贺国庆.近代欧洲对美国教育的影响［M］.石家庄：河北大学出

版社，2000.

［11］中央教育科学研究所．中华人民共和国教育大事记（1949—1982）
［M］.北京：教育科学出版社，1984.

［12］中央教育科学研究所．陶行知教育文选［M］.北京：教育科学出
版社，1981.

［13］朱国华．权力的文化逻辑［M］.上海：上海人民出版社，2017.

［14］彼得·布劳．社会生活中的交换与权力［M］.李国武，译.北京：
商务印书馆，2008.

［15］第斯多惠．德国教师培养指南［M］.袁一安，译.北京：人民教育
出版社，1990.

［16］苏霍姆林斯基．苏霍姆林斯基选集：第1卷［M］.蔡汀，王义高，
祖晶，译.北京：教育科学出版社，2001.

［17］陈鼓应．庄子今注今译：下［M］.北京：中华书局，1999.

［18］毕沅．墨子［M］.吴旭民，译.上海：上海古籍出版社，2014.

［19］孟子［M］.王常则，译.太原：山西古籍出版社，2004.

［20］李索．左传正宗［M］.北京：华夏出版社，2011.

［21］梅少波．美国职前教师专业伦理教育途径研究［D］.重庆：西南
大学，2013.

［22］田霞．习近平对毛泽东思想政治教育方法的继承与发展研究［D］.
太原：山西财经大学，2019.

［23］皮璐璐．邓小平实践育人思想研究［D］.长沙：湖南大学，2014.

［24］黄云熔．陶行知"培植生活力"思想研究述评（2001—2017）［D］.
福州：福建师范大学，2018.

［25］钟滢星．师范生教学技能培养现状的调查研究［D］.杭州：杭州师

范大学，2020.

[26] 朱洪雨. 新时代乡村学校劳动教育的课程设计研究 [D]. 济南：山东师范大学，2021.

[27] 朱博. 苏霍姆林斯基劳动教育思想研究 [D]. 武汉：华中师范大学，2018.

[28] 贾宏燕. 陈鹤琴教育思想的中国文化渊源与创新 [D]. 上海：华东师范大学，2008.

[29] 王智鸿. 新时代劳动教育思想研究 [D]. 长春：吉林大学，2020.

[30] 李建楠. 新中国成立以来中国共产党劳动教育思想演变与发展研究 [D]. 长春：吉林大学，2021.

[31] 钟飞燕. 新时代学校劳动教育研究 [D]. 长春：吉林大学，2021.

[32] 金怀菊. 习近平劳动思想研究 [D]. 武汉：华中师范大学，2020.

[33] 毛泽东. 关于正确处理人民内部矛盾的问题 [N]. 人民日报，1957-06-19（01）.

[34] 习近平向全国广大劳动群众致以节日的祝贺和诚挚的慰问 [N]. 人民日报，2021-05-01（01）.

[35] 胡锦涛. 大力弘扬伟大的劳模精神 [N]. 人民日报，2010-04-28（01）.

[36] 江泽民. 关于教育问题的谈话 [N]. 光明日报，2000-03-01（01）.

[37] 中共中央、国务院. 关于全面加强新时代大中小学劳动教育的意见 [J]. 中华人民共和国国务院公报，2020（10）：7-11.

[38] 中共中央、国务院. 中国教育现代化2035 [J]. 中华人民共和国教育部公报，2019（C1）：2-5.

[39] 宫敬才. 诹论马克思的劳动哲学本体论（上）[J]. 河北学刊，2012（5）：16-23.

［40］刘荣军，李书娜.马克思劳动解放思想的逻辑意蕴与历史展现［J］.东南学术，2019（5）：80–86.

［41］陈翎.劳动基础上关于"人"的本质性思考：从《1844年经济学哲学手稿》出发［J］.社科纵横，2020（8）：33–38.

［42］翁伟斌.职业院校开展劳动教育：结构之困及其破解［J］.内蒙古社会科学，2021（2）：182–185.

［43］熊和平.《庄子》的劳动教育哲学及其当代价值［J］.湖南师范大学教育科学学报，2021（1）：1–12.

［44］柴素芳，蔡亚楠.加强劳动教育培育时代新人［J］.中国高等教育，2021（9）：10–12.

［45］朱志勇.中小学劳动教育课程体系构建与实施［J］.课程·教材·教法，2021（8）：131–136.

［46］金根竹，张敏.高职院校劳动教育的科学内涵及实践路径［J］.黑龙江教师发展学院学报，2022（1）：65–67.

［47］佟晓丽，任金玉.新时代高校劳动教育课程建设的思考［J］.辽宁工业大学学报（社会科学版），2022（1）：93–96.

［48］王明娣，景艳.生活体验视角下劳动教育课程价值的思考［J］.教育理论与实践，2021（16）：15–19.

［49］徐辉.思想性与育人性的统一：再论苏联时期马克思主义教育家的劳动教育思想［J］.外国教育研究，2020（12）：59–70.

［50］蒋新秀.我国劳动教育研究的现状、热点与趋势探析［J］.继续教育研究，2021（6）：94–100.

［51］王洪晶，曲铁华.中国共产党百年劳动教育政策：历程、经验与展望［J］.中国教育学刊，2021（8）：1–7.

［52］邬大光，赵婷婷，李枭鹰，等 . 高等教育强国的内涵、本质与基本特征［J］. 中国高教研究，2010（1）：4-10.

［53］李鲁 . 科学定位　特色办学　和谐发展：关于高等教育强国建设思路和策略问题的思考［J］. 中国高等教育，2010（9）：7-9.

［54］王洪晶，曲铁华 . 中国共产党百年劳动教育政策：历程、经验与展望［J］. 中国教育学刊，2021（8）：1-7.

［55］许学文 . 对"教育必须为无产阶级政治服务，必须同生产劳动相结合"的几点认识［J］. 江西教育，1981（11）：15-17.

［56］檀传宝 . 劳动教育的概念理解：如何认识劳动教育概念的基本内涵与基本特征［J］. 中国教育学刊，2019（2）：82-84.

［57］教育事业必须同国民经济发展相适应［J］. 咸阳师专学报，1996（5）：42.

［58］吴怀友，杨秀果 . 在党史学习中加强社会主义劳动教育［J］. 人民论坛，2021（24）：85-87.

［59］张铭凯，王潇晨 . 师范生劳动教育：价值诉求、核心内容与基本方略［J］. 黑龙江高教研究，2020（12）：17-21.

［60］谌安荣 . 陶行知生活教育理论的内涵及其意义［J］. 广西社会科学，2004（9）：189-191.

［61］廖其发 . 论对陶行知教育思想的超越［J］. 教育与教学研究，2018（11）：7-13，123.

［62］宋雅 . 陶行知教育思想对加强乡村定向师范生劳动教育的启示［J］. 山东农业工程学院报，2021（6）：15-21.

［63］李珂，蔡元帅 . 陶行知劳动教育思想对新时代加强大学生劳动教育的启示［J］. 思想教育研究，2019（1）：107-110.

［64］夏惠贤，严加平，杨超.论英国合格教师专业标准与教师职前培训要求［J］.外国教育研究，2006（3）：51-56.

［65］郭洪瑞，冯惠敏.芬兰小学教育阶段的包班制模式对我国的启示［J］.外国中小学教育，2017（12）：29-35.

［66］顾明远.尊师重教：师范生免费教育政策导引教师教育变革［J］.新疆师范大学学报（哲学社会科学版），2012（3）：1-4.

［67］赵宏玉，齐婷婷，张晓辉，等.免费师范生的教师职业认同：结构与特点实证研究［J］.教师教育研究，2011（6）：62-66.

［68］赵宇，刘军.我国师范生免费教育政策实施现状与完善策略［J］.教育探索，2017（4）：89-93.

［69］张海生.高校劳动教育的意涵、价值与实践：一种本体论、价值论和方法论的解析［J］.大学教育科学，2021（12）：53-59.

［70］林梦泉，陈燕，毛亮，等.以立德树人为核心的中国特色人才培养成效评价初探［J］.学位与研究生教育，2019（4）：1-7.

［71］王飞，徐继存.三类劳动的划分依据及其育人价值［J］.人民教育，2020（8）：15-18.

［72］袁圣洁，李前进.习近平关于劳动教育重要论述的生成逻辑、科学内容与实践路径［J］.继续教育研究，2023（3）：7-12.

［73］杨晓峰.从劳动教育的本质反思劳动教育的实施［J］.中国德育，2017（10）：20-23.

［74］刘向兵，赵明霏.构建新时代高校劳动教育体系的理论逻辑与实践路径：基于知识整体理论的视角［J］.中国高教研究，2020（8）：62-66.

［75］郝志军，哈斯朝勒.家庭、学校、社会协同是推进劳动教育的根本渠道和途径［J］.人民教育，2020（8）：23-26.

［76］黄瑾，吴任慰.习近平关于劳动教育的重要论述及其理论品格［J］.福建医科大学学报（社会科学版），2022（6）：32-37.

［77］邓宏宝，刘策，吴东照.职业院校劳动教育评价：指标体系建构与实施：基于利益相关者视角［J］.职业技术教育，2022（1）：6-11.

［78］班建武."新"劳动教育的内涵特征与实践路径［J］.教育研究，2019（1）：21-26.

［79］倪梁康.道德本能与道德判断［J］.哲学研究，2007（12）：72-78.

［80］赵虹元.论教师的善性伦理及其实现［J］.教师教育研究，2019（3）：13-19.

［81］李建国，杨婷婷.中国共产党领导学校劳动教育的历史演进、基本经验及启示［J］.学习与实践，2021（2）：12-20.

［82］谭诗蔚，苏贵.劳动教育背景下公费定向师范生的育人价值研究［J］.科教导刊（中旬刊），2020（35）：90-91，120.

［83］在全国教育工作会议上钱俊瑞副部长总结报告要点［J］.山东政报，1950（1）：42-45.

［84］熊彬霖，刘钊.苏霍姆林斯基劳动教育思想对新时代劳动教育的启示［J］.湖南第一师范学院学报，2021（4）：41-45.

［85］裔艳，聂竹明.深度融合劳动教育与STEM课程：美国Tinker教育的经验启示［J］.上海教育科研，2021（10）：41-46.